Johnny Hallyday, un fabuleux destin encodé dans Paris

JOHNNY HALLYDAY
Un fabuleux destin encodé dans Paris

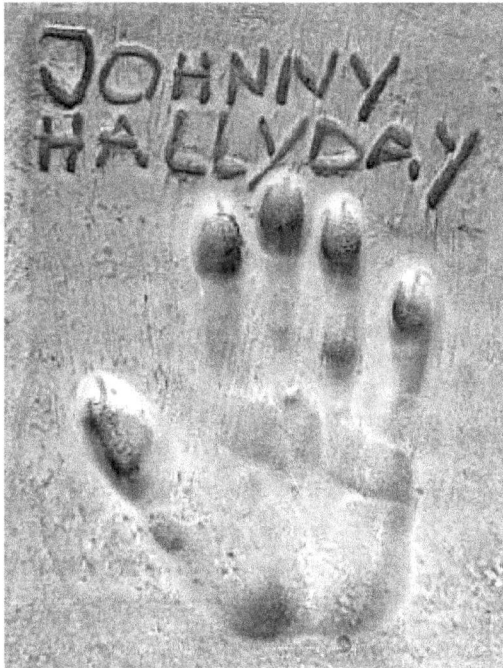

PARISIS CODE (tome 1)

Editions Lulu.com, 2012 - ISBN 979-10-91289-02-3

LE CODE SECRET DES RUES DE PARIS (Parisis Code tome 2)

Editions Lulu.com, 2012 - ISBN 979-10-91289-03-0

ET DIEU CREA ...LE CODE - (Parisis Code tome 3)

Editions Lulu.com, 2012 - ISBN 978-2-9540731-7-0

PARIS, CAPITALE DU DESTIN - (Parisis Code tome 4)

Editions Lulu.com, 2012 - ISBN 978-2-9540731-4-9

LE METRO VIRTUEL - (Parisis Code tome 5)

Editions Lulu.com, 2012 - ISBN 979-10-91289-01-6

LES ARCHIVES CHRONO-PARADOXALES - (Parisis Code tome 6)

- Lulu.com, 2014 - ISBN 979-10-91289-11-5

LE GRAND CODE DE LONDRES

Editions Lulu.com, 2012 - ISBN 979-10-91289-04-7

L'EPHEMERE RESURRECTION DE LA BASTILLE

Editions Lulu.com, 2011 - ISBN 978-2-9540731-0-1

LE SECRET SOLAIRE DU MONT SAINTE ODILE

Editions Lulu.com, 2011 - ISBN 978-2-9540731-3-2

LES PHENOMENES SOLAIRES ARTIFICIELS

Editions Lulu.com, 2011 - ISBN 978-2-9540731-2-5

LES CLEFS CACHEES DE LA VIE

Editions Lulu.com, 2012 - ISBN 979-10-91289-05-4

ENIGMES tome 1 et ENIGMES tome 2

Lulu 2014 - ISBN 979-10-91289-12-2 et 979-10-91289-13-9

Editions Lulu.com, 2014 - ISBN

LE FABULEUX SECRET DE PARIS

Editions Lulu.com, 2015 - ISBN 979-10-91289-15-3

L'ULTIME SECRET DE FATIMA

Editions Lulu.com, 2015 - ISBN 979-10-91289-18-4

MARINE LE PEN, UN DESTIN GRAVE DANS PARIS

Editions Lulu.com, 2015 - ISBN 979-10-91289-17-7

JE SUIS... CODEE

Editions Lulu.com, 2015 - ISBN 979-10-91289-22-1

MACRON, UN DESTIN MACHIAVELIQUE GRAVE DANS PARIS

Editions Lulu.com, 2017 - ISBN 979-10-91289-27-6

VIES D'ARTISTES encodées dans Paris

Editions Lulu.com, 2017 - ISBN 979-10-91289-30-6

LE PARISIS CODE FAIT SON CINEMA

Thierry Van de Leur

JOHNNY HALLYDAY
Un fabuleux destin encodé dans Paris

Couverture et 4ème de couverture : Cindy Van de Leur (avril 2018).

JOHNNY HALLYDAY
Un fabuleux destin
encodé dans Paris

Note de Copyright et première édition février 2018

Contact auteur : t.van-de-leur@laposte.net

Imprimé en Europe par : www.lulu.com

Dépôts légaux Bibliothèque Nationale de France en 2018

© 2018 par Thierry Van de Leur. Tous droits réservés.

Livre autoédité, également vendu sur :

www.lulu.com

ISBN : 979-10-91289-29-0

EAN : 9791091289290

A mon épouse, Agnès,
A ma fille, Cindy

Les coïncidences n'existent pas ; nous marchons chaque jour sans nous en rendre compte vers les lieux et les personnes qui nous attendent depuis toujours…

Vous n'êtes pas un passager sur le train de la Vie, vous en êtes l'ingénieur. *(Elly Roselle)*

La vie est comme un livre. Ne jamais sauter aucun chapitre et continuer de tourner les pages, tôt ou tard, on comprendra pourquoi chaque paragraphe était nécessaire.
(Bernard Weber)

"Croire en Dieu, c'est avant tout, et par-dessus tout, vouloir qu'il existe." (*Unamuno, écrivain espagnol.*

SOMMAIRE

- l'Alhambra -
-La 1ère émission -
- Le premier disque -

L'OLYMPIA -

- Bruno Coquatrix -
- Salut les Copains -
- La Photo du Siècle -
- Chouchou et Yéyé -
- Son service militaire -
- Place de la Nation -
- Zénith, Parc des Princes -
- La Boîte à Coucou -
- Dans la boucle de l'Ankh -
- La famille : Sylvie Vartan, David Hallyday -
- Les Hallyday et le Vietnam -
- La Fée Clochette -
- Johnny et l'argent -
- Smet Store -
- rue Balzac -

LA MORT DE JOHNNY -

- Le Trompe la Mort -
- Le dernier soupir -
- Johnny a modifié sa destinée -
- Le Paradis de Johnny-
- Funérailles de l'idole des jeunes -
L'album posthume - Good bye -
- La station du Rock -
- Le Grand Départ -
- Saint "Rock" -
- Merci Johnny -
- Le corbillard de Johnny -
- Johnny et son American Dream -
- Le Paradis sur terre -
- Précisions spectaculaires -
- Le cancer -
- Johnny, l'artiste superlatif -
- La dernière séance -
- L'adieu à Paris -
- Mireille Darc -

- Les démons de 10h -
- Instant magique… quelque part, un aigle -
- Métempsychose -
- 893 mois -
- Un sacré clin d'œil -
- Jojo Burger -
- Un peu d'histoire…
- Oh Marie - 4 m2 et des poussières...
- La mort ratée de Johnny -
- Le testament et l'héritage -
- La rue Johnny Hallyday -
- La table de Johnny -
- Viviers -
- La Cigale -
- Le dernier album -
- Jean-Claude Camus -
- Gainsbarre : tentative de meurtre sur Johnny -
- Retiens la nuit, un spot prémonitoire -
- Génération Jukebox -
- La rencontre post-mortem -
- La Croix mystérieuse -
- Acte de décès de Johnny -
- 10h10 -
- Les montres de Johnny -
- Personnalités décédées un 5 décembre -
- Personnalités nées un 15 juin -
- Lady Lucille -
- Hommage à Cannes -
- J'ai oublié de vivre - Deezer
- Jojo et Jean d'O -
- Jean d'Ormesson -
- Catherine Frot -

LES COPAINS DE JOHNNY-

- Jacques Dutronc -
- Françoise Hardy -
- Le désespoir des Singes -
- Succes Story -
- Django Reinhard, Thomas Dutronc -
- Eddy Mitchell fait son cinéma-
- Ligne de la découverte du Code -

RAPPEL SUCCINCT DU CODE

Ce Grand Code de Paris démontre que les êtres, les événements et les choses ne sont pas régis uniquement par la causalité et un hasard aveugle, mais qu'ils sont également reliés par le sens et la ressemblance.

Pour utiliser pleinement ce Code, il est souvent indispensable d'utiliser certaines clefs. Ces clefs, je ne les ai pas inventées ; elles se sont imposées.

C'est petit à petit, par recoupement, que je suis parvenu à découvrir tous les lieux-clef symboliques ayant une importance fondamentale dans la compréhension globale de ce code.

Etrangement, il est impossible pour moi de me remémorer quelle fut la première ligne que j'ai tracée et qui m'a fait prendre conscience qu'en passant à travers l'Opéra Garnier, la boucle de l'Ankh, une ligne pouvait révéler des informations.

Le Parisis Code utilise en général deux méthodes pour faire parler les rues.

Il suffit tout simplement de tracer des lignes droites regroupant au minimum 3 points.

Le premier moyen, consiste à rejoindre deux rues, en passant par une ou plusieurs clefs.

De cette manière, on révèle plusieurs paramètres concernant en propre le personnage ciblé.

La 2ème méthode consiste en l'alignement très précis d'une rue sur l'un des 4 points cardinaux (Nord, Sud, Est ou Ouest).

Ce procédé révèle un lien évident avec le personnage ou l'objet de la recherche concerné par la voie parisienne ciblée.

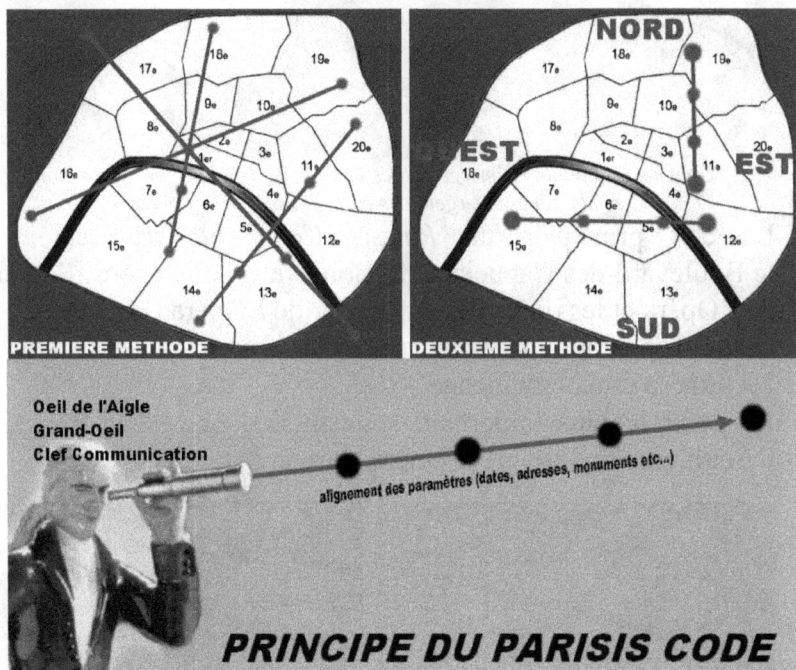

PREMIERE METHODE

DEUXIEME METHODE

Oeil de l'Aigle
Grand-Oeil
Clef Communication

alignement des paramètres (dates, adresses, monuments etc...)

PRINCIPE DU PARISIS CODE

La plupart des clefs fait partie des édifices les plus prestigieux et symboliques de la capitale.

Elles ont toutes une fonction et une signification bien spécifique, donnant un véritable sens aux alignements. Elles servent de trait d'union, de jonction, de 3ème point.

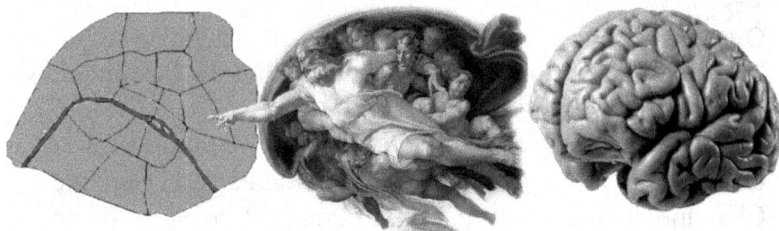

Comme des buildings émergeant des nuages, seuls les points déterminants symboliques émergent des rues de Paris et s'alignent...

La clef principale du *Parisis Code* est représentée par le Boulevard des Capucines, le Boulevard des Italiens, l'Avenue de l'Opéra et les rues tournant autour de l'Opéra Garnier.

Cette disposition de voies prend la forme caractéristique de l'**Ankh**, la croix égyptienne.

Le point le plus important, souvent évoqué, est la boucle de l'Ankh, matérialisée par l'Opéra Garnier.

C'est le **grand lustre** de l'Opéra Garnier qui détermine ce que j'appelle "Le centre de la Boucle de l'Ankh... la **Clef du Destin**... la Grande Lumière. L'Intelligence qui a créé le Code...

Parmi les autres clefs permettant de lire le grand Code de Paris, on trouve la plupart des grands monuments de la Capitale.

Chacune a une signification en rapport avec son histoire, sa forme ou son nom.

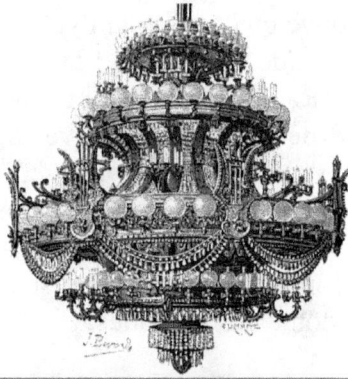

Le centre de la boucle de l'Ankh est richement décoré. Que ce soit le toit ou le grand lustre.

La signification de ces clefs est souvent d'une grande logique.

La **Tour Eiffel** est une clef symbolisant la France ou Paris.

L'Arc de Triomphe apporte une notion de succès, d'importance et bien sûr de Triomphe.

La **Cathédrale Notre-Dame** met bien sûr l'accent sur l'aspect religieux en général, sur la Vierge, mais aussi sur Isis…

La **Pyramide du Louvre** est une clef majeure concernant Napoléon. Elle apporte une notion d'importance.

Le code nous prouve qu'il utilise la Pyramide du Louvre, comme substitut à la Pyramide de Khéops : la ligne reliant la Clef de la Communication (Radio-France) au restaurant "Villa Khéops" (n°58, Boulevard de Sébastopol), traverse bien la Pyramide du Louvre.

C'est la clef universelle réservée aux personnalités les plus marquantes et aux événements exceptionnels.

Mais la clef qui concerne l'Empereur, est avant tout son tombeau qui trône sous le dôme des Invalides.

La **Statue de la Liberté** (Pont de Grenelle) est une représentation cachée de la déesse égyptienne Isis.

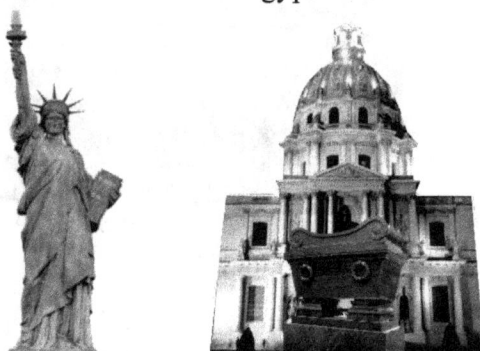

De nombreuses preuves sont apportées viennent attester ce fait.

Le Trocadéro (Palais de Chaillot) possède trois clefs sexuelles consacrées à la Création de la Vie, l'acte primordial pour l'Humanité. On y trouve l'Esplanade des Droits de l'Homme représentant le sexe féminin, la Fontaine de Varsovie évoquant par sa forme le sexe masculin.

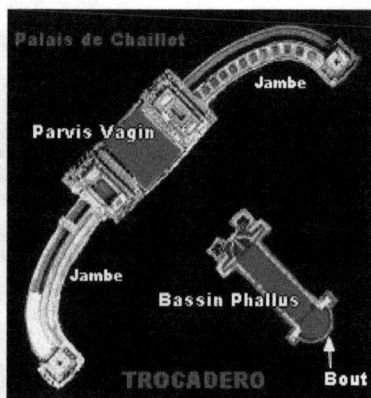

Illustration du Palais de Chaillot (Trocadéro), et de la Clef de la Mise au Monde du Code.(appareil génital féminin).
Dessous, la Fontaine de Varsovie, en forme de phallus, représente le sexe masculin.
Son extrémité est la Clef de la Création dans le sens large du terme.

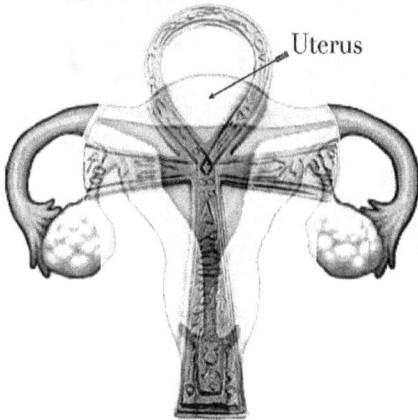

Uterus

L'œil de l'Aigle des Buttes-Chaumont

Cette fameuse clef, l'une des plus performantes du Parisis Code est capable de nous prouver qu'elle est la meilleure, et que son nom n'est pas usurpé.

Pour cela, il suffit de joindre l'Arc de Triomphe à la pupille de l'œil ; à savoir le petit temple de la Sybille qui domine le rocher de l'île du parc des Buttes-Chaumont.

LA RETINE DE L'OEIL DE L'AIGLE

Cet axe, vers l'Est, au Pré Saint-Gervais, atteint : 1) l'Avenue de l'Aigle ; 2) la rue de Bellevue ; 3) la rue du Regard. Nous faut-il plus de preuve ?

Le parc des Buttes-Chaumont, dessine, vu du ciel, une clef suggestive extrêmement importante pour le code ; il s'agit d'une tête d'Aigle. C'est son œil qui dans le code, s'est révélé être une des clefs les plus actives.

Horus est le fils d'Isis et d'Osiris. *Dans le Parisis Code, il regarde l'endroit où est née sa mère...*

L'œil de Horus est l'un des symboles de régénération et de renaissance les plus célèbres du mythe d'Osiris ; il connut une grande importance dans la civilisation égyptienne.

On le mettait à l'intérieur des bandelettes des momies, mais aussi sur les amulettes, gravures et papyrus.

L'Œil d'Horus est représenté par l'Œil de l'Aigle des Buttes-Chaumont. Cet Aigle représente aussi le Dieu à tête de Faucon Horus. L'Œil de l'Aigle qui regarde l'Opticien Osiris (n°21, Avenue de Friedland), crée un axe qui passe sur l'Arc de Triomphe. Cet axe atteint, à l'Est, au Pré Saint-Gervais, la rue de l'Aigle !

la pupille de l'oeil

couronne de l'Aigle
Oeil de l'Aigle
pointe du bec de l'Aigle
TÊTE DE L'AIGLE DES BUTTES CHAUMONT

Reconnaissable par sa forme circulaire, unique à Paris, la Maison de Radio-France est la **Clef de la Communication**.
Généralement, les alignements transitent par le centre exact de ce cercle ou par l'entrée principale

L'entrée du cimetière du Père Lachaise est naturellement la **Clef de la Mort**.
Elle donne divers renseignements sur la mort (date, lieu du décès) ou parfois même l'emplacement exact de la sépulture !
La Villa Faucheur, le Passage des Soupirs, la Porte de l'Enfer du Musée Rodin, la statue de la Mort de la Faculté de Médecine - Campus des Cordeliers, n°15 rue de l'Ecole de Médecine, sont aussi des Clefs de la Mort.
Exemple : La ligne reliant l'entrée du Père Lachaise (la **mort**) à l'Association Sainte-**Agonie** de Jésus-Christ (n°95, rue de Sèvres), passe précisément sur la Clef de l'**Eglise** : l'entrée de la Cathédrale Notre-Dame de Paris.
La ligne de 6,7 km reliant la Discothèque "**Boom Boom**" (n°37, Avenue de Friedland) à l'entrée du Père Lachaise (la **mort**) passe sur… le **Bataclan** !

Nous avons également la **Grande Croix du Christ,** immense présence du Christ dans la Capitale, formée par l'Avenue Foch, l'Avenue de Malakoff et l'Avenue Raymond Poincaré.

Je la nomme parfois le Bellator, pour la différencier de la Croix Ankh.

Le **Bellator** était le plus gros morceau qui avait été récupéré de la Vraie Croix du Christ.

Pour nous confirmer la véritable nature de cette configuration de voies en forme de Croix, symbole du Christianisme, il suffit de tracer une ligne reliant la rue de la Clef au centre de cette croix.

Cette Clef, nous révèle un message chrétien d'une grande Lumière, en traversant la Grande Galerie de l'Evolution (Clef de l'Evolution), le Panthéon (tombeau des Grands Hommes), et l'église Saint-Sulpice (*Sulpice* n'est autre qu'une déformation du vocable Supplice).

Cette ligne passe à proximité de la Nonciature (Ambassade du Vatican).

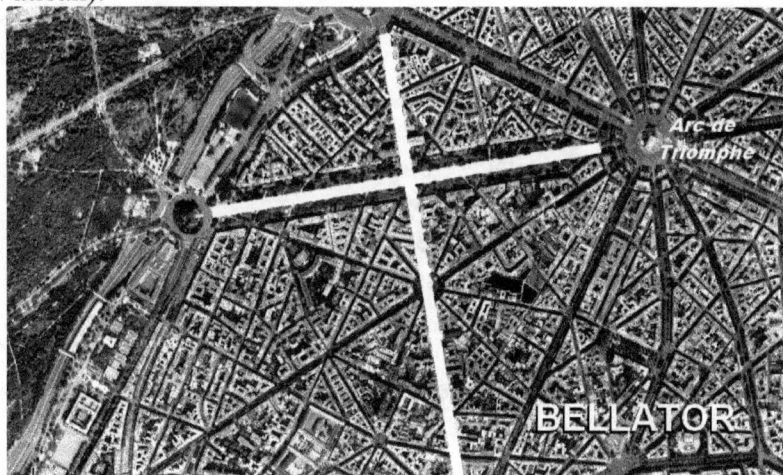

Enfin, le **Grand Œil** (Observatoire de Paris) qui regarde le centre de cette Croix forme une ligne qui passe sur la rue Dieulafoy (13ème arr.).

Le **Grand Œil** est une des clefs les plus performantes du Code, elle possède les mêmes fonctions que l'œil de l'Aigle des Buttes-Chaumont. D'ailleurs la ligne qui rejoint ces deux yeux, passe sur la rue du Trésor… c'est tout dire !

Le Grand Œil est l'Observatoire de Paris

Déterminer l'emplacement exact d'un numéro de rue

Sur les cartes de Paris ne figurent que quelques numéros de rue.
Attention, il ne faut pas déduire l'emplacement des autres numéros en fonction de ces indications !

Les adresses peuvent être très éloignées les unes des autres en fonction de l'importance des monuments, squares et autres paramètres placés de part et d'autre...

Pour déterminer avec précision l'emplacement exact d'un numéro sur une voie (rue, place etc...), vous devez impérativement aller sur internet et consulter Google.

C'est très simple : taper le numéro et le nom de la voie puis cliquer ensuite sur l'adresse désirée sélectionnée par le site : *www.meilleursagents.com*, destiné aux agences immobilières. L'emplacement se matérialise alors sur la carte avec la surface exacte occupée, entourée en bleu.

Reporter ensuite ce point sur la carte. C'est l'espace entier formé par l'adresse qui est pris en compte dans le Code ; pas forcément l'entrée principale.

Je préconise l'emploi de la carte Michelin n°55 au 1/10 000ème.

Prendre de préférence une carte avec l'index des rues séparées afin d'éviter de retourner sans cesse la carte.

Jours, dates et heures

Le Parisis Code est un système extrêmement précis qui est souvent capable de fournir des informations concernant une **date** de naissance, de décès ou autres événements importants de la Vie.

Ces précisions peuvent être fournies par les saints du calendrier qui sont très largement représentés dans les rues, églises et institutions de la Capitale. Exemple, la rue ou l'église Saint-Thomas vont représenter la date du 3 juillet, ou Saint-Laurent le 10 août, etc....

Même si la rue n'est pas précédée du mot "saint", ça fonctionne quand même. L'information peut être aussi fournie par les sociétés portant des noms de saints.

Petite subtilité : certains jours, sont fêtés plusieurs saints en même temps, et le saint utilisé par le Code peut très bien se cacher derrière le saint présenté en premier. Il convient donc de consulter éventuellement un dictionnaire des prénoms.

Certains saints et saintes possèdent aussi une autre fonction, celle de saint patron (e). Ils donnent alors le nom du métier de la personne…

Les heures sont aussi fournies par les sociétés ou certains théâtre (ex : Théâtre de dix heures, Sarl 22h22 etc…).

De même pour **les années**. On ne compte plus dans Paris le nombre de sociétés qui portent le nom de l'année de leur création (Sci 2017, Sarl 2013, Sarl 1996, etc). Souvent la ligne qui passe sur cette adresse apporte une précision considérable si elle est couplée avec une rue ou une société fournissant le mois.

Les mois de l'année et **les saisons** sont aussi fournis de la même façon (Sarl septembre, rue du quatre septembre, rue du 28 Juillet, rue du Printemps, Cié Noël etc…).

Mais attention, tout n'est pas systématique !

Tous les jours de l'année, tous les mois ou toutes les heures ne sont pas forcément représentés par un saint ou une société.

Il se peut même que cette information arrive plusieurs années après votre recherche. Le Code est en perpétuelle mutation.

Substitution

Le Code utilise les noms qui ne concernent pas forcément la personne recherchée dans les alignements. C'est valable pour les sociétés. La Sarl ou la Sci Bardot peut très bien ne pas concerner Brigitte. Une rue Renaud peut être utilisée pour le chanteur ou pour quiconque porte ce nom ou ce prénom.

Cela peut aussi être un homonyme, une ville qui porte le même nom qu'une ville étrangère ou vice-versa. Par exemple la rue de Valence concerne aussi bien la ville espagnole que la ville française.

Le code fonctionne également avec les adresses qui se trouvent dans d'autres villes que Paris. Pour cela, il faut bien entendu que cette adresse exacte existe également dans Paris.

Même les numéros peuvent être utilisés. Par exemple, le Parisis Code indique clairement qu'il devait être découvert à mon adresse exacte à Strasbourg.

C'est pourquoi la ligne qui révèle cette découverte utilise mon adresse par substitution, à Paris.

Les points éphémères

Le Parisis Code est parfois capable de fonctionner sans l'aide de rues ou même de clefs. Il peut utiliser des points éphémères que sont les bars, restaurants, magasins, sociétés ou hôtels.

Les sociétés (Sarl, Sci, Société personnelles etc…) ont un rôle prépondérant dans ce code. Ce rôle je l'ai ignoré ou sous-estimé pendant plusieurs années. Pourtant les adresses des sièges des sociétés génèrent un nombre considérable de lignes et les enrichissent.

Lorsqu'un parisien choisit un nom pour sa société et l'emplacement de son siège dans la Capitale, il est bien loin de se douter que sa décision n'est pas vraiment la sienne. Elle est guidée. Par qui, par quoi… mystère !

Ce qui est certain, c'est qu'aucune intervention humaine n'est à suspecter.

Même si cette affirmation vous paraît fantaisiste, vous allez le constater par vous-même tout au long de ce livre.

C'est impressionnant, et pour moi c'est toujours un moment très fort émotionnellement parlant, et après 13 ans de recherches, je ne suis toujours pas blasé de ces découvertes. On ne s'habitue pas au merveilleux !

Ce qui est mystérieux dans les paramètres formés par les sociétés, c'est leur côté éphémère.

En effet, lorsqu'une société est créée, elle participe activement aux alignements du Code.

Mais si celle-ci est radiée, même peu de temps après sa création, elle reste opérationnelle et visible sur internet si vous tapez son nom.

C'est d'ailleurs la même chose lorsqu'il s'agit des adresses où des personnalités sont nées, ont vécu ou sont décédées. Le souvenir de leur passage reste gravé dans l'Histoire et dans le Code.

Il faut savoir que Paris possède environ 1500 hôtels, 6200 restaurants et plus de 1150 bars.

En 2012, 345 restaurants, commerces ou sociétés ont fermé leur porte… certains changent de nom.

Mais il s'en crée sans cesse de nouveaux et le souvenir des anciens persiste grâce à Internet.

La domiciliation d'une société cache souvent l'adresse person- nelle de son gérant, un commerce etc…

Parfois le nom de la société est différent du nom du commerce concerné. Parfois ce n'est qu'une boîte aux lettres pour ceux qui désirent une adresse prestigieuse dans Paris. (Arc de Triomphe, Champs-Elysées etc…)

A cet effet, il existe des sociétés spécialisées dans la domiciliation d'entreprises qui peuvent posséder des dizaines d'adresses dans Paris. Ce service est payant : environs 26 euros/mois pour une société, et 5 euros pour une association.

Mais pour le Parisis Code, cela ne change rien. Seul le nom qui se cache derrière cette adresse compte.

On peut souvent savoir où habite un artiste, à Paris, en tapant son nom sur internet (souvent son véritable nom, plutôt que son nom d'artiste), précédé de " Paris, Société Monsieur……" ou Paris, Société Madame…". Pour une des sociétés (Sarl) de Johnny, c'était simplement son surnom intime "Mamour" choisi par Laeticia…

L'exemple ci-dessous, particulièrement spectaculaire, n'utilise que des points éphémères (Hôtels, boutiques et restaurants).

Le **Golden Gate** (Porte Dorée), est un pont célèbre construit en 1937, situé à San Francisco (Californie), qui relie la ville de San Francisco, à la ville de Sausalito.

Si nous relions le restaurant **Golden Gate** (n°2, rue Daumier) à l'Hôtel **California** (n°16, rue de Berri), cette ligne traverse le restaurant **San Francisco** (n° 1, rue Mirabeau) !

Cet axe atteint au nord, la rue Joseph de Maistre où se trouve au n°31, un magasin de vêtements à l'enseigne "**Sausalito** !

Relions le Restaurant San Francisco (n°1, rue Mirabeau) à la station de Métro "Porte Dorée" (Golden Gate) ou encore l'Hôtel de la Porte Dorée (n° 273, Avenue Daumesnil).

Cette ligne traverse le magasin de vêtements "Sausalito", situé au 17, rue d'Odessa (14e).

Le code est capable de dire que Sausalito se trouve en Californie aux Etats-Unis !

La droite reliant la Place des Etats-Unis à un autre magasin "Sausalito", situé au n°31, rue Lepic, traverse bien l'Hôtel California (16, rue de Berri).

Autre exemple : l'Homme a mis le pied sur la Lune le jour de la Saint-Victor, grâce à une fusée Apollo…

La ligne, rigoureusement Nord-Sud, reliant la rue de la **Lune** à la rue **Saint-Victor** croise le bar **la Fusée** (168, rue Saint-Martin) et la Société **Apolo** (15, rue de Palestro) !

Le Grand-Œil qui regarde l'Hôtel **Apollo** (11, rue de Dunkerque - 10e) crée une ligne qui passe sur la rue de la **Lune**.

On peut dire que de nombreuses informations sont encodées ou cryptographiées dans la carte de Paris...

Coder s'emploie au sens premier de *code* (code secret), alors que *encoder* est le symétrique de *décoder* et se réfère aux emplois récents de code.

Encoder, c'est constituer un message selon les règles d'un système d'expression (langue naturelle ou artificielle), sous une forme accessible à un destinataire.

La **cryptographie** est une des disciplines de la cryptologie s'attachant à protéger des messages (assurant confidentialité, authenticité et intégrité) en s'aidant de clés.

L'arc de Triomphe indique un grand succès, un triomphe, une grande réussite

Tirer les lignes sur la carte de Paris ne se résume pas qu'à une simple interprétation.

Le déchiffrage est beaucoup plus subtil. Lire ces lignes, c'est souvent raconter une histoire, celle d'un personnage souvent célèbre, son parcours de vie avec ses réussites, ses échecs, ses préférences, ses amis etc...

Au travers de l'imagerie des lignes, il y a souvent un récit décrit par les successions d'images et de représentations.

C'est le pouvoir des symboles et bien sûr de la puissance des mots et des chiffres qui composent ce que l'on est en droit d'appeler le jeu de, ou des Dieux.

Tout comme un livre, il suffit d'observer ces alignements pour en comprendre le sens et leur essence. C'est un peu comme un alphabet, une partition qui prend tout son sens dans les associations de paramètres en nous dévoilant leurs secrets.

LISTE DES CLEFS PRINCIPALES DU CODE

Arc de Triomphe	- Gloire, Triomphe0
Boucle de l'Ankh	- Clef universelle, Musique, Destin
Œil de l'Aigle	- Clef universelle, Vue, Découverte
Pointe du bec de l'Aigle	- Point important, outil du sculpteur.
Couronne de l'Aigle	- Souverains, Couronnement
Pyramide Louvre	- Tombeau, Napoléon
Parvis des Droits Homme	- Sexe féminin, Maternité, Naissance,
Fontaine de Varsovie	- Sexe masculin, Puissance, Création
Cimetière Père Lachaise	- Mort (entrée du cimetière)
Tour Eiffel	- France, Paris, Antenne
Cathédrale Notre-Dame	- Vierge, Isis, Religion
Grande Croix du Christ	- Christianisme, Jésus, mort d'un juif
Saint Sulpice	- Prieuré de Sion
La Madeleine	- M-Madeleine, descendance de Jésus
Maison Radio-France	- Communication, télévision
Obélisque	- Puissance, plume de 'écrivain,
Pyramide Inversée	- Notion de contraire, Féminité
Rond-point Champs-Elysées	- Notoriété, Célébrité
Panthéon	- Célébrité, Immortalité, Panthéon virtuel.
Zénith	- Le plus haut niveau
Tour Maine-Montparnasse	- Haut niveau, Intelligence, Supériorité.
Statue Liberté	- Isis, U.S.A, Liberté, déesse mère
Arc de Triomphe (Carrousel)	- Triomphe, succès, couronnement
Cité de la Musique	- Musique
Place du Trocadéro	- Fœtus, l'Aiglon
Cours du 7ème Art	- Cinéma, Comédiens
Grde Galerie de l'Evolution	- Evolution de l'Humanité
Palais de la Découverte	- Découverte, inventions
Mairies	- Naissance
Statue de la Mort	- Mort (Musée Dupuytren)
Observatoire de Paris	- Le Grand Œil, Clef universelle, Oeil,

Espace. (C'est aujourd'hui le plus ancien monument astronomique du monde encore en activité).

L'œil de l'Aigle des Buttes-Chaumont et le Grand-Œil (Observatoire de Paris) sont les deux clefs les plus importantes du Code.

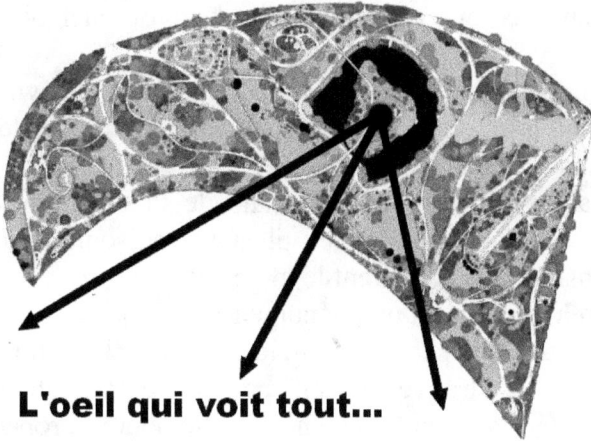

L'oeil qui voit tout...

Coïncidence, sérialité et synchronicité

A présent, il est plus que temps de réfléchir plus en profondeur sur ce nouveau phénomène qu'est le *Parisis Code*.

Devant quel phénomène nous trouvons-nous exactement ?

Tout au long de ces découvertes, j'ai été tiraillé entre différentes explications plus ou moins rationnelles sans arriver à formuler une conclusion satisfaisante.

Mes lecteurs sont sûrement devant le même dilemme. Les personnalités bénéficiant du *Parisis Code* ont toutes un point commun : leur vie semble avoir été réglée par une puissance souveraine, une loi supérieure.

Bien sûr, devant l'énormité de ce Code, on est vivement tenté d'utiliser le fameux mot *coïncidence*, bouée de secours bien connue et fort pratique pour les personnes aspirant à la tranquillité de leurs méninges.

D'autres « bouées » moins souvent utilisées existent : la sérialité ou *loi des séries* et enfin la synchronicité.

Il convient de bien comprendre la différence entre ces différents phénomènes de la même famille pour voir dans quelle catégorie nous pouvons ranger notre mystérieux code.

La superstition est l'art de se mettre en règle avec les coïncidences, disait Jean Cocteau…

Tout d'abord, les **coïncidences** ordinaires sont des rencontres fortuites ou des événements simultanés présentant une certaine ressemblance ; celles-ci peuvent s'expliquer par les probabilités.

Par exemple, vous voyez quelque chose ou quelqu'un à l'instant même où vous étiez en train d'y penser.

La **sérialité** est une répétition d'événements, de symboles ou de faits analogues ou identiques qui se déroulent dans le même laps de temps ou dans le même espace.

C'est aussi la répétition anormale de faits inopinés présentant une ressemblance. Exemple : plusieurs personnes qui ne se sont pas consultées vous offrent le même cadeau.

La **synchronicité** est un phénomène beaucoup plus complexe.

Il s'agit d'une « super » coïncidence dans laquelle la personne impliquée se trouve devant un fait extraordinaire, dont la probabilité d'accomplissement est tellement improbable que cela lui procure un sentiment d'importance au sein de l'Univers ; en fait comme si cette personne avait été choisie.

La synchronicité est tellement chargée de sens qu'elle laisse un sentiment troublant et indéfinissable. Le principe de synchronicité a été mis au point par Jung et Pauli (1900-1958).

Carl Gustav **Jung** était le disciple préféré de Sigmund **Freud**, le théoricien de l'inconscient individuel.

Wolfgang Pauli était un physicien américain d'origine autrichienne et prix Nobel de physique en 1945.

Pour de nombreux scientifiques, les synchronicités auraient des conséquences incalculables sur notre vision de l'Homme et de l'Univers.

Elles démontreraient que les êtres, les événements et les choses ne sont pas régis uniquement par la causalité et un hasard aveugle, mais qu'ils sont également reliés par le sens et la ressemblance.

La relativité et le destin

Pourquoi dans le Code, rencontre-t-on en permanence, sous forme d'alignements, des événements prévus de longue date ?

Pour ceux que le mot "Dieu" dérange, il est possible de le remplacer par le mot "Intelligence" ou "Les Dieux", les "extraterrestres, le Grand Architecte de l'Univers, l'Inconnu ou encore, pourquoi pas "La Fée Clochette". Cela ne change en rien la nature de ces propos.

Ce qui semble plausible : tous les événements qui ont eu lieu dans le passé, qui auront lieu à l'avenir ou qui se déroulent actuellement se sont en fait déjà produits et achevés. Ils ne sont pas limités par le temps et l'espace.

De même, l'éternité a également été vécue, à l'image des prises de vues dans une bobine de film.

Comme notre cerveau est habitué à un ordre d'événements déterminé, nous supposons que le temps est toujours allé de l'avant. Cependant, c'est un choix relatif décidé par notre cerveau.

En réalité, nous ne pouvons jamais savoir de quelle manière le temps suit son cours ou même s'il le suit vraiment, car le temps n'est pas un fait absolu, mais une sorte de perception ; il n'a aucune existence propre, sauf si nous le mesurons. Il dépend entièrement de celui qui le perçoit et est donc relatif.

Comme il n'existe aucune horloge naturelle dans le corps humain pour le mesurer précisément, la vitesse à laquelle il s'écoule, diffère selon des références que nous utilisons pour le mesurer.

De même que la couleur n'existe pas sans l'œil pour la discerner, un instant, une heure ou un jour ne sont rien sans un événement pour les marquer. La relativité du temps est pleinement vécue dans les rêves.

Même si ce que nous rêvons semble durer des heures, dans la réalité cela ne dure que quelques minutes, voire quelques secondes.

Le temps est une perception psychologique qui peut être perçu différemment par différentes personnes dans des circonstances différentes.

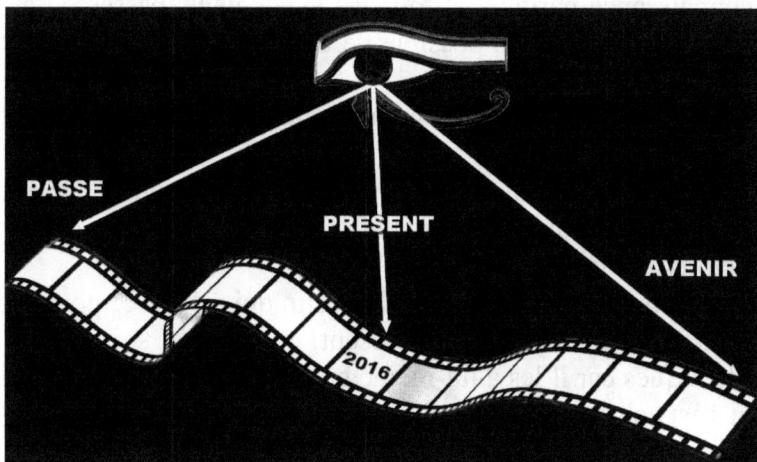

Expérience de la chambre close

Supposons que nous soyons retenus pendant une certaine période dans une pièce munie d'une seule fenêtre permettant de voir le lever et le coucher du soleil. Une horloge nous informerait du temps qui passe...

Quelques jours plus tard, nous serions capables de dire combien de temps nous avons passé dans la pièce.

Imaginons que selon nos estimations, nous avons passé trois jours dans la pièce. Par contre, si la personne qui nous a mis dans cette pièce affirme que nous n'y avons passé que deux jours, que le soleil que nous avons vu par la fenêtre avait été artificiellement simulé et qu'enfin l'horloge avait été réglée de manière à fonctionner plus rapidement, alors le calcul que nous aurions fait n'aurait plus aucun sens, puisque basées sur des références relatives.

Le destin

Cette relativité du temps est très importante, car elle est si variable qu'une période nous paraissant durer des milliards d'années, peut n'être qu'une seconde seulement selon une autre perspective. Une période de temps phénoménale, s'étendant du commencement du monde à sa fin, peut ne durer qu'une fraction de seconde dans une autre dimension.

C'est l'essence même du concept de destin - un concept nié en particulier par les matérialistes. Le destin est la preuve d'une connaissance parfaite de tous les événements passés ou à venir. Mais comment est-il possible de connaître les événements avant qu'ils ne se produisent ?

Cette question empêche certains de comprendre la réalité du destin.

Les événements qui ne se sont pas encore produits n'apparaissent pas pour nous qui sommes lié au temps ou à l'espace. Nous ne les vivons que lorsqu'ils se produisent.

Ainsi nous sommes témoins du destin qui a été créé pour nous.

Pour Dieu, le passé, le présent et l'avenir sont exactement identiques car il les a lui-même créés. Pour lui tout a déjà eu lieu et s'est achevé.

Tout comme nous pouvons facilement voir les deux extrémités d'une règle et son centre, Dieu connaît le temps auquel nous sommes soumis, comme s'il s'agissait d'un seul moment depuis son commencement à sa fin.

A l'étude du Parisis Code, il semble bien que le hasard n'existe pas ! Chacun de nos gestes, chacun de nos mots, chacun de nos actes semble prédéterminé et fixé avant notre naissance par une intelligence qu'il convient à chacun de nommer suivant sa religion, son agnosticisme ou sa sensibilité.

Certains pensent que Dieu a déterminé "un destin" pour chaque homme, mais qu'il est possible de le modifier.

En fait, personne n'est en mesure de changer son destin. Toutes choses qui se produisent ne sont que l'accomplissement du destin.

Tout ce qui est inscrit dans le Parisis Code de manière plus ou moins caché se produira et ne pourra être révélé qu'après son accomplissement.

Le destin est la connaissance éternelle de Dieu, et pour lui, qui connaît le temps comme un moment unique et qui règne sur la totalité du temps et de l'espace, tout est déterminé et s'achève en destin.

Les trois niveaux de consciences

Il existe trois niveaux de consciences pour un être Humain ; ceux-ci sont liés à la Connaissance (symbolisée par les livres).

- **1er état** qui est le plus bas niveau = l'aveuglement total.

C'est vivre dans la matrice sans prendre assez de recul et de hauteur pour apercevoir ce qui se cache derrière le miroir.

Cet état est un véritable poison pour notre Humanité.

- **2ème état** (intermédiaire) : Celui où vous commencez à être éveillé et à voir le monde tel qu'il est et non pas comme on veut nous le montrer.

- **3ème état** final : C'est lorsque vous êtes pleinement éveillé.

Le début de l'élévation spirituelle.

Les différents tomes du **Parisis Code** symbolisent le savoir et la nouvelle connaissance qui sont les clés du changement.

Le dieu hasard...

Théophile Gautier. " Le hasard, c'est peut-être le pseudonyme de Dieu quand il ne veut pas signer."

Albert Schweitzer (théologien et philosophe a dit : " Le hasard est le pseudonyme que Dieu choisit quand il veut rester incognito".

La ligne reliant "Au Hasard" magasin de vêtements (40, Avenue de de Clichy) au Passage de la Providence (20e), traverse la rue Dieu !

L'entreprise "Divine Providence" se trouve au n°2, Impasse Morlet (11e). Elle se trouve sur la ligne reliant le Passage Dieu à la rue de la Providence.

La Providence a voulu que cette Impasse Morlet croise la ligne reliant la rue de la Providence au Passage de la Providence (20e).

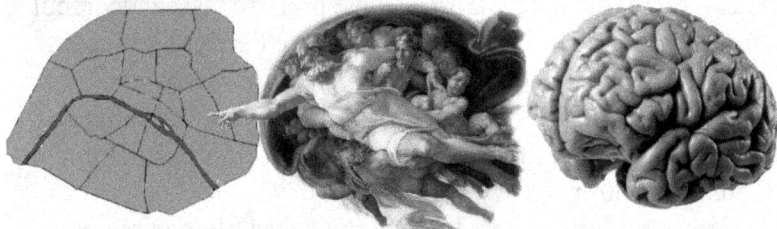

La Providence : intervention entre Dieu et l'Homme ...

L'objectif ou le but de la divine providence est d'accomplir la volonté de Dieu. Pour s'assurer que ses objectifs sont atteints, Dieu gouverne les affaires des hommes et agit au travers de l'ordre naturel des choses.

Les lois de la nature ne sont pas autre chose qu'une image de Dieu à l'œuvre dans l'univers.

Les lois de la nature n'ont aucune puissance par elles-mêmes, et elles sont incapables de travailler de façon indépendante.

Les lois de la nature sont les règles et les principes que Dieu a mis en place pour maîtriser le fonctionnement de l'univers.

A Paris, il existe une rue Dieu, mais aussi deux voies minuscules séparées de 66,6 m seulement : l'Impasse Satan et le Passage Dieu... Ces deux petites voies privées sont séparées par le Centre de Santé des Orteaux.

Deux accès sont possibles, mais si un jour, vous sortez les pieds devant de cette clinique, surtout choisissez bien votre sortie : par le Passage Dieu ou… par l'Impasse Satan (l'été on y grille paraît-il quelques saucisses !

A la sortie du Passage Dieu, le Théâtre "Les rendez-vous d'ailleurs" (107 Rue des Haies) vous attend...

LE DESTIN CODE DE JOHNNY HALLYDAY

Le 11 décembre 2017, un million de fans étaient dans les rues de Paris pour un dernier hommage populaire et une cérémonie à l'église de La Madeleine. Qui fut le gamin de Paris, qui mérita un tel honneur ?

Pourquoi ce chanteur dont la principale qualité fut d'avoir un style qui plut à de nombreux français, possède-t-il tant de lignes encodées dans la Capitale racontant en détail sa Vie ?

Aucun savant, aucun intellectuel, aucun grand médecin, aucun chercheur ayant sauvé des millions de vies ne bénéficie d'un tel honneur. C'est un des mystères de ce Code.

Quand le rock a déferlé sur la France à la fin des années 50, il était écrit que ce gamin qui traînait dans le quartier de la Trinité avait été programmé pour le recevoir, et qu'il en deviendrait, à l'image d'Elvis son modèle américain, une légende vivante.

Au fond de lui Johnny était américain, une nationalité imaginaire plus riche que tous les passeports. Toute sa vie il ne fera que brandir cette nostalgie devant son public.

Le secret de la mythologie Hallyday ? Il renaissait sans cesse, multipliant morts et résurrections professionnelles, depuis l'époque du Golf Drouot jusqu'au concert gratuit du 14 juillet 2009, où il réussit l'exploit de réunir plus de 700000 personnes au pied de la Tour Eiffel, afin de remercier le public français pour sa fidélité et son succès dans la chanson depuis 40 ans.

Ce ne sera que le jour de ses funérailles qu'il renouvellera ce tour de force… Pour l'éternité, ce nostalgique de l'Amérique, repose aux Antilles, entre la France et les U.S.A…

Johnny Hallyday, malgré un départ dans la vie plutôt chaotique, a connu un destin exceptionnel.

Il est d'ailleurs amusant de savoir que ce destin, lorsqu'il était enfant, avait pris l'apparence d'un chat noir abyssin nommé Mektoub. En arabe, le prénom Mektoub signifie "c'est écrit", c'est une référence au destin.

Juste après la guerre entre 1945 et 1949, Johnny avait réussi à emmener Mektoub en Angleterre où sa famille a vécu quatre années. Le chat est mort à Londres en 1949…

Johnny adorait les animaux. Outre les chiens, et son fameux Lucas, il posséda une louve et ses louveteaux, un bébé tigre offert par Laeticia pour ses 56 ans, et même un aigle royal.

Les paramètres de Johnny Hallyday dans le Code Club Johnny Hallyday

"Ne vous découragez pas, c'est souvent la dernière clef du trousseau qui ouvre la porte" *Paulo Coelho, romancier brésilien.*

Comme d'habitude après une actualité marquante (décès, catastrophe, attentat ou autre événement extraordinaire) je me plonge dans le Parisis Code pour vérifier si l'information se trouve gravée dans les rues de Paris.

Après la mort de Johnny ; personnalité marquante s'il en est, je fus très étonné de ne trouver aucun alignement le concernant.

Il faut dire qu'en général, tant qu'un personnage n'a pas son nom inscrit dans une rue ou un monument de la capitale, il est très compliqué de tracer des lignes symboliques.

Mais 7 semaines plus tard, au cours de mes recherches, en tapant le nom Johnny Hallyday sur internet je suis tombé sur une information capitale.

C'est alors que le Parisis Code a commencé à révéler ses alignements le 25 janvier 2018, soit 50 jours après la mort du chanteur.

Ceci a été possible grâce à la découverte d'une adresse précise concernant en propre Johnny Hallyday, créée en 2008 soit 9 ans avant la mort du chanteur.

Il s'agit d'une mystérieuse association dont le président est inconnu et qui visiblement ne cherche pas d'adhérents.

Cette **Association Club Johnny Hallyday** (numéro Siren: 302999578, numéro Siret: 30299957800016) est domiciliée au n°10, rue de Caumartin, une rue qui débouche sur le Boulevard des Capucines, et toute proche de l'Olympia, le Temple de la Chanson. Johnny est passé des centaines de fois devant cette adresse, car elle se trouve à quelques mètres de l'entrée des artistes de l'Olympia (n°18).

Au rez-de-chaussée de cette adresse se trouve le Crédit Mutuel des professions de santé.

Cette association se trouve aussi sur une ligne très symbolique reliant le grand lustre de l'Opéra Garnier (symbolisant la "Grande Lumière", Dieu, le Destin...) à l'entrée de l'église de La Madeleine, où eurent lieu les funérailles de Johnny.

Ce paramètre capital permet d'obtenir une foule d'informations sur le chanteur de sa naissance à sa mort, comme découvrir grâce aux alignements ainsi générés : l'adresse où il est mort, le nom de la clinique où il est né, où il vivait, son terrain de jeu préféré, où il a débuté, où il est représenté physiquement etc...

La date de création de cette Association Club Johnny Hallyday, n'est pas anodine, car en 2008, Johnny devenait propriétaire dans l'île où il devait connaître le repos éternel.

Etrangement, à moins de 50 mètres du Club J.H et à la même hauteur mais dans une rue parallèle (au n°18, rue Godot de Mauroy) nous trouvons la **Société Adinair** dont le gérant depuis 2005 n'est ni plus ni moins que le père de Laeticia et grand ami de Johnny : André Boudou (condamné à 2 ans de prison, en 2007, pour fraudes fiscales, abus de biens sociaux et comptes falsifiés...). Plus étrange encore, à cette adresse se trouve aussi l'**Association Club Amis Johnny Hallyday.** Qui en est l'administrateur ? André Boudou?

Bizarrement, le **Club J.Hallyday** (et sa statue de cire au Musée Grévin), se trouvent sur la ligne reliant la **Société Adinair** (et l'**Association Club Amis Johnny Hallyday)** à la Sarl **Boudou** (n° 13, rue du Fbg de Montmartre) qui évoque le nom de jeune fille de sa quatrième et dernière épouse Laeticia.

*La mystérieuse **ACJH** (Association Club Johnny Hallyday), créée en 2008 au n°10 rue de Caumartin, à 50 mètres de l'Olympia... 2008 est l'année où la santé de Johnny se dégrada considérablement...*

Un paramètre nous montre bien la fascination que les U.S.A exerçaient sur Johnny : la ligne reliant la pointe du bec de l'Aigle des Buttes-Chaumont à la Place des Etats-Unis, passe sur son effigie au Musée Grévin, et sur l'**ACJH**...

Tombés amoureux de l'île de Saint-Barthélémy en 2006, un Paradis sur terre, mais aussi un Paradis fiscal, Johnny et son épouse avaient fait construire en 2008 une villa baptisée "Jade" en l'honneur de leur fille aînée, d'origine vietnamienne...

En bâtissant cette villa sur cette île, Johnny ignorait-il que cette terre hébergerait sa dépouille mortelle pour l'éternité ?

Très étrange aussi cette adresse de l'ACJH !

En effet cette adresse exacte est le titre d'un morceau de jazz de **Lionel Hampton** (1908-2002), un vibraphoniste, pianiste et batteur de jazz américain (surnommé "Hamp" ou "Le Lion"), qui passa plusieurs fois à l'Olympia entre 1954 et 1966...Ce fut un géant du Jazz. Pourquoi a-t-il voulu donner cette adresse "**10, rue Caumartin**" à l'un de ses titres en 1961 ? Mystère !

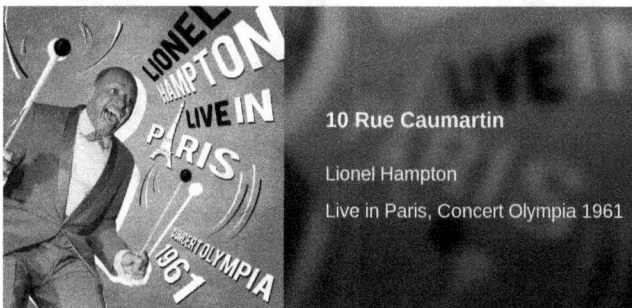

D'autant plus que cette adresse qui deviendra en 2008 le paramètre le plus parlant du Destin de Johnny inscrit dans Paris, correspond à ses débuts explosifs à l'Olympia, le 21 septembre 1961.

Son premier grand concert débuta à 23h30 sous une hystérie collective, que Philippe Bouvard décrira ainsi :

"Tantôt menaçant la salle du doigt, tantôt se tenant le ventre, tortillant du bassin et roulant des hanches, il se servait du micro comme d'une lance d'arrosage.

L'hystérie de la salle gagna l'orchestre. À moins que ce ne fût le contraire. Je ne sais plus. À perte de vue, les gens trépignaient, battaient des mains et tiraient de leur poitrine toutes sortes de gloussements bizarres de contentement qu'aucun musicien d'avant-garde n'a encore osé inscrire sur une partition".

A noter : c'est au n° 8, rue de Caumartin, que Stendhal écrivit la "Chartreuse de Parme"… Cette œuvre majeure, qui lui valut la célébrité. Cette adresse exacte se trouve sur la ligne de 7,7 km reliant la rue Stendhal à… l'Arc de Triomphe !

La Sarl 2017

Une autre adresse s'est mise en place à Paris le 2 août 2017, la veille du 13ème anniversaire de Jade sur l'île de Saint-Barthélemy, entourée de ses parents et de sa sœur.

Ce dernier paramètre créé 120 jours avant sa mort est la **Sarl 2017** dont le siège se trouve à Paris (19e), au n°14, rue de Thionville. Il s'agit d'une société de Relations publiques et Communication.

Ce dernier paramètres a apporté une haute précision aux alignements et permet d'affirmer et prouver que la mort du chanteur, le lieu de ses funérailles, l'île et la commune où il est inhumé étaient effectivement programmés dans le Code plus de 4 mois auparavant.

C'est la grande force du Parisis Code, qui en fait un redoutable prophète immatériel.

Pour illustrer ce pouvoir de décodage de ce paramètre, il suffit de tracer une ligne reliant la Sarl 2017 au chœur de La Madeleine (funérailles de Johnny en 2017).

Elle traverse le Club Johnny et... la Sarl **Décode** (n°42, rue de l'Aqueduc).

La Sarl Mamour

Une autre clef capitale concernant Johnny Hallyday, est la Sarl **Mamour**. "Mamour" est le surnom affectueux que Laeticia, sa femme, lui a attribué dans l'intimité.

En 2008, Johnny confiait qu'il détestait ce petit surnom qu'elle lui donnait. Bizarrement, il l'a tout de même inspiré, puisqu'il l'a donné à l'une de ses sociétés, la Sarl **Mamour**, située au n°3, impasse de la Planchette à Paris, créée en décembre 2010, soit 7 ans avant sa mort.

C'est cette société, au cœur du business du rockeur, qui a acheté La Savannah, la villa des Hallyday, à Marnes-La-Coquette.

Elle a été créée pour encaisser l'argent de la tournée "Jamais seul" de 2012.

Elle est gérée par Elyette Boudou (83 ans !), surnommée "Mamie Rock" par Johnny, la grand-mère paternelle de Laeticia, représentante légale de toutes les sociétés françaises du clan Hallyday, à savoir "Pimiento Music" Sas (n°18, Place Dauphine), Sarl "Artistes et Promotions", et Sli "SLJ" (n°3, Impasse des Planchettes).

Ces sociétés n'ont ni plaques ni boîtes aux lettres !

"Mamie Rock" était au chevet du chanteur lors de son dernier soupir.

La question est désormais de savoir pourquoi Johnny et Laeticia Hallyday ont procédé à un tel montage juridique avec une femme âgée sans connaissances requises pour gérer de telles sociétés.

La rencontre de Johnny et Laeticia

Pour illustrer le pouvoir incroyable du Code de Paris (le Parisis Code), d'encrypter le Destin de certains personnages, j'aimerais évoquer la rencontre de Johnny et Laeticia. Une des dates les plus importantes de leur vie.

C'est aux **Etats-Unis**, le lendemain de l'anniversaire de celle qui devait devenir sa quatrième et dernière épouse, soit le **19 mars 1995**, jour de la **Saint-Joseph**, que Johnny Hallyday (**Mamour** pour son épouse), rencontra pour la première fois Laeticia Boudou (18 mars 1975 - 20..). Elle a 20 ans et lui 52.

Cette date est clairement inscrite sous forme de ligne dans Paris.

La ligne de 4,5 kilomètres reliant la Sarl **Mamour** (n°3, Impasse des Planchettes) à la Place des **Etats-Unis**, passe sur la rue **Saint-Joseph** et sur la Sarl "**Alliance 1995**" (n°26, rue Georges Bizet).

Si l'on prolonge cet axe vers l'Est, on tombe sur la Place **Maurice Chevalier** (Johnny est mort officiellement rue **Maurice Chevalier** à Marnes-la-Coquette). Cet axe passe sur le Passage des Soupirs…

La Sarl Alliance 1995 a été créée en septembre 2011, c'est donc à partir de cette date que cet alignement fut crypté dans Paris.

Rappelons que c'est rue Georges Bizet, à la Clinique Bizet que Johnny fut admis en fin de vie. Il préféra être rapatrié dans sa maison de Marnes-la-Coquette…

La famille Boudou et son lien avec Johnny est nettement gravée dans Paris.

La Pointe Bec de l'Aigle est une clef révélatrice (comme l'œil de l'Aigle ou le Grand Œil (Observatoire de Paris), qui crée des lignes et apporte des précisions supplémentaires.

Ainsi d'Est en Ouest, partant de cette pointe (matérialisée par l'intersection Avenue Bolivar - rue Pradier) sont alignés avec précision les paramètres particulièrement évocateurs suivants :

La Pointe du Bec de l'Aigle des Buttes-Chaumont - la Sarl **La Destinée** (n°3, Passage des Petites Ecuries), la Sarl **Boudou** (n° 13, rue du Fbg de Montmartre) - la Statue de cire de Johnny **Hallyday** (au Musée Grévin depuis 54 ans) - la Sarl **La Gloire** (n°34, Boulevard des Italiens) - l'emplacement de l'ex-**Golf Drouot** (n°1, rue Drouot) - la Boucle de l'Ankh (Clef du **Destin**) l'Association Club Johnny .**Hallyday** (n°10, rue de Caumartin) - la Société Adinair, d'André **Boudou** (n°18, rue Godot de Mauroy) - La place de La Madeleine (Funérailles de Johnny) - le bureau du Président de la République à l'Elysée (ils furent mariés par Sarkozy, et Macron fut le premier informé de son décès) - la Clef de la **Célébrité** (Rond-Point des Champs-Elysées) la Sarl "**Alliance 1995**" (n°26, rue Georges Bizet) - la Place des **Etats-Unis**.

Naissance de Jean-Philippe (Johnny)

Le **15 juin 1943** (jour de la Sainte-Germaine), à 13 h, à la maternité de la Clinique Villa Marie-Louise (n°3, Cité Males-herbes) qu'Huguette Clerc, qui n'est pas encore mariée, accouche du petit Jean-Philippe (3,5 kg).
Il est Gémeaux, ascendant Vierge !
Le jour de sa naissance, il porte encore le patronyme de sa mère : il s'appelle Jean-Philippe Clerc !
Ses parents vont se marier le 7 septembre 1944, et il prendra ce jour-là le nom de son père : Smet. Son père, **Léon** Smet était un belge originaire de Bruxelles… Bref, c'était Léon de Bruxelles…
La ligne reliant la pointe du bec de l'Aigle des Buttes-Chaumont à l'ACJH (Club J.Hallyday), passe sur l'effigie de Johnny au Musée Grévin, et sur le restaurant… Léon de Bruxelles (n°30, Boulevard des Italiens) !
Johnny entre officiellement dans la famille des chrétiens catholiques le 10 septembre 1944, lors de son baptême à l'église de la Trinité.
Ses parents se sont mariés trois jours plus tôt et son père, Léon Smet, a enfin signé la reconnaissance de paternité : son livret de baptême annonce donc Jean-Philippe Smet !

Léon Smet en 1984 - Huguette Clerc et Jean Philippe

C'est au n°23, rue Clauzel (9ème arr.), que Léon Smet et Huguette Clerc, les parents du futur Johnny Hallyday avaient emménagé au cours de l'année 1943. Huguette est enceinte et manque de peu d'accoucher à cette adresse.

Finalement son fils Jean-Philippe, naîtra le 15 juin de cette même année dans une clinique toute proche.

Derrière sa porte bleue typiquement parisienne, la maternité Marie Louise, à présent transformée en appartements, a également vu naître la chanteuse Françoise Hardy ou le peintre Bernard Buffet.

Le Code savait que dans cette maternité, naîtrait quelqu'un de très populaire. L'œil de l'Aigle qui regarde le Café Populaire (n°20, rue Torricelli) crée une ligne qui passe sur l'entrée de cet établissement.

Dans le Code, le prénom Léon génère plusieurs alignements qui suggèrent la naissance de "Johnny".

La ligne reliant le Square **Léon** à la Clef de la **Création** (le père), extrémité de la Fontaine de Varsovie du Trocadéro traverse la Villa Marie-Louise (naissance de Johnny), la rue de la Tour des Dames (adresse d'enfance de Johnny) et le Rond-Point des Champs-Elysées (clef de la Célébrité).

Façade de la Clinique Marie Louise où Johnny Hallyday est né.

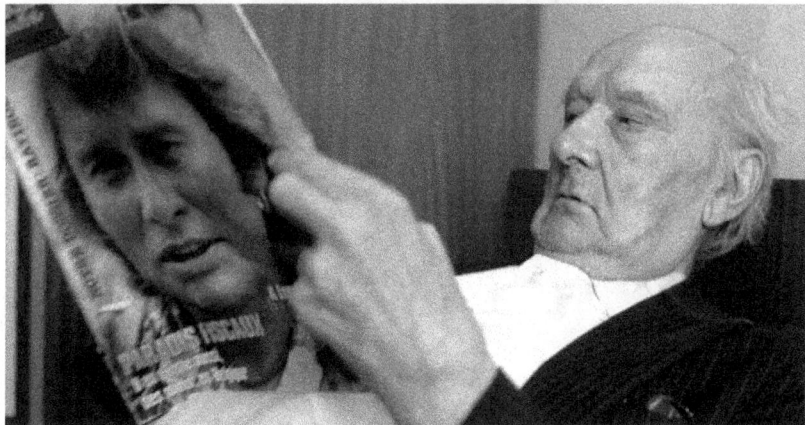

Dans le Code de Paris, il existe bien une Clef "Spermatozoïde".
Il s'agit du Square des Batignolles. Cette Clef n'est réellement visible que sur une carte de Paris, ou vu du ciel, en hiver.
Un petit ruisseau alimenté par le réseau d'eau de la Seine, surgit d'une cascade rocailleuse et court à travers les rochers en dessinant la queue du spermatozoïde : la flagelle.

Il finit sa course dans un bassin de 900 m2, aux formes arrondies, formant la tête du spermatozoïde. L'ensemble mesure plus de 120 mètres de longueur.

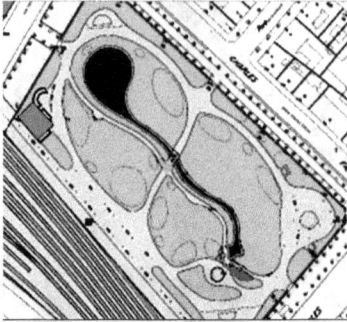

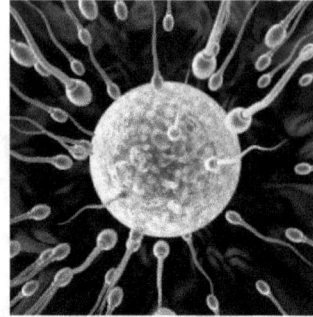

Rappelons que le spermatozoïde humain est la cellule reproductrice de l'Homme.

Lors de la fécondation, il s'unit à un ovule pour former une cellule-oeuf, qui se développera ensuite en embryon, puis en fœtus, et donnera naissance à un nouvel être humain.

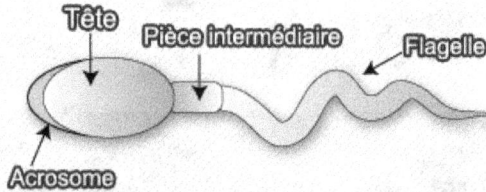

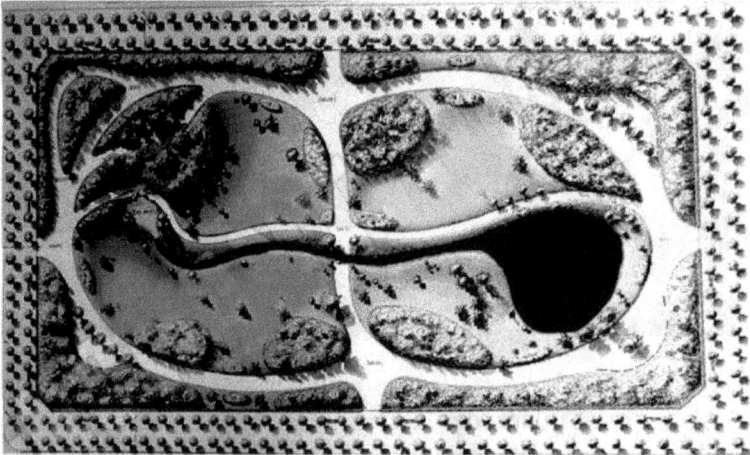

Le Square des Batignolles et son spermatozoïde géant...

Mais revenons au géniteur de Johnny, Léon Smet.

La ligne reliant la rue Léon à la Clef "Spermatozoïde" (Square des Batignolles), génère, c'est le cas de le dire, une ligne sur laquelle nous découvrons deux sociétés évoquant l'année de naissance de Johnny (**1943**) et l'année de sa mort (**2017**).

Il s'agit de la Sarl BA **1943** (n°37, rue Poulet), et la Société **2017** (n°14, rue de Thionville).

La ligne reliant la rue **Léon** (évoquant son père) à la Sci **Destin** (n°4, rue du Général Camou) traverse la Sarl BA **1943** (n°37, rue Poulet) évoquant son année de naissance, la Sci **Miami** (n°33, rue Poulet) évoquant la ville des USA où il rencontra sa dernière épouse, la Cité Malesbuttherbes (adresse de la maternité où il est né Johnny), la rue de la Tour des Dames (sur l'adresse exacte où il habita dans sa jeunesse), et sur l'entrée de l'église de la Trinité (où il fut baptisé).

L'alignement ci-dessous nous montre précisément la date de naissance de Johnny Hallyday (Jean-Philippe Smet), sachant qu'il est né à la Maternité Villa Marie-Louise un 15 juin, jour de la Sainte Germaine.

Un triomphe annoncé, si l'on en croit cette ligne :

- La ligne de 6,2 km joignant la Sarl Le Triomphe (n°61, rue des Martyrs), à l'Œuvre Sainte-Germaine (n°56, rue Desnouettes), passe sur la Banque de Johnny (Banque De Baecque Beau, au n°3, rue des Mathurins, la Maternité "Villa Marie-Louise" (n°3, cité Malesherbes), sur le Club J. Hallyday, sur le domicile d'enfance de son ami Jacques Dutronc (69 rue de Provence), sur la rue Clauzel, première adresse de Johnny, en 1943 et enfin sur la rue Cler.

Sur cet axe au sud, on ne s'étonnera pas de trouver les locaux de BFMTV (n°12, rue d'Oradour-sur-Glane). Cette chaîne relaya tous les jours les sombres histoires d'héritage des familles Hallyday et Boudou…

Pourquoi la ligne passe-t-elle sur la rue Cler ?

Le Code qui utilise parfois la "langue des oiseaux", nous montre que jusqu'à ce qu'il soit reconnu par son père, son premier nom fut "Clerc" le nom de jeune fille de sa mère… CQFD !

Les premiers mois de sa vie, Jean-Philippe Clerc (Smet) qui devait plus tard se faire connaître sous le nom de Johnny Hallyday, vivra pendant six mois à cette adresse, rue Clauzel, avant d'être abandonné par son père Léon Smet…

Aussitôt il fut confié à sa tante Hélène Mar qui habitait le n°13, rue de la Tour-des-Dames, (quartier Blanche-Trinité) dans un deux pièces donnant sur cour…

Johnny vivra ici plusieurs années en compagnie de ses cousines.

Le Code nous montre que Johnny vivait rue Clauzel en 1943.

La ligne reliant la Sarl BA **1943** (n°37, rue Poulet) à l'Association Club Johnny **Hallyday** (n°10, rue de Caumartin), passe sur cette rue !

Hélène Mar, la tante de Johnny

La rue Clauzel a connu d'autres célébrités comme par exemple le célèbre Père Tanguy, le marchand de couleurs des peintres au XIXᵉ siècle qui avait sa boutique au n°14, et qui a vu défiler les plus grands peintres comme Picasso, Monet, Renoir, Gauguin, Lautrec, Van Gogh ou Cézanne.

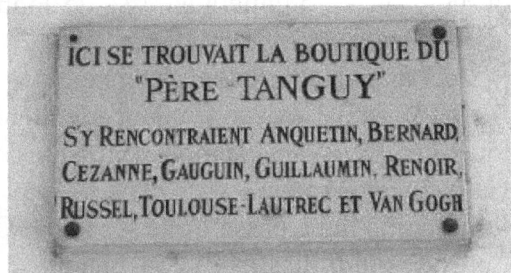

Ce fut un lieu essentiel du développement de l'impressionnisme, le père Tanguy comptant parmi les premiers collectionneurs et marchands de tableaux des peintres impressionnistes.

Au n° 19 habita le célèbre écrivain Guy de Maupassant…

Johnny Hallyday n'est pas le seul personnage célèbre qui a vécu rue de la Tour des Dames.

Un certain Talma (1763-1826), l'acteur français le plus prestigieux de son époque, qui avait épousé une des sœurs de Napoléon Bonaparte, y est décédé dans son hôtel particulier.

On citera encore le Docteur Charcot (1825-1883), le père de la neurologie moderne, et le célèbre peintre Horace Vernet (1789-1863), connu pour son tableau " La prise de la smalah d'Abd-el-Kader" (1845), la plus grande toile française du 19eme siècle.

La ligne reliant la Clinique **Villa Marie-Louise** (sa naissance) à la Sarl **Savannah** Company (n°4, Square Henry Pate) représentant le nom de la maison où il est décédé à Marnes-la-Coquette), passe sur les deux rues où il passa son enfance), la rue **Clauzel**, la rue de la **Tour des Dames**, l'église de la **Sainte-Trinité** où il fut baptisé en septembre 1944), le **Square de la Trinité** et la **Tour Eiffel** (hommage : "merci Johnny" du 8 au 11 décembre).

N°13, rue de la Tour-des-Dames (9e)

Deux alignements nous proposent un résumé de la vie de Johnny… Il a vécu ses premiers jours dans la rue de la Tour des Dames, a forgé son caractère dans le Square de la Trinité (Estienne d'Orves) et pour finir repose pour l'éternité sur l'île de Saint-Barth, à 7000 km de Paris.

La ligne reliant la rue Barthélémy à la rue de la Tour des Dames passe sur le Club J. Hallyday et le Square Estienne d'Orves.

Il est né à la Maternité "Villa Marie-Louise" (n°3, Cité Malesherbes) et est décédé à Marnes-la-Coquette (surnommée le "Village des milliardaires").

La ligne reliant la Villa Marie-Louise à la célèbre Discothèque "Le Milliardaire" (n°8, Boulevard de la Madeleine) passe sur la rue Clauzel (où Johnny a passé les premiers mois de sa vie) puis sur l'incontournable Club J. Hallyday (10, rue de Caumartin).

Quand il était petit, depuis ses 3 ans, Johnny n'est jamais allé à l'école, et il n'a jamais eu d'amis, car il a dû suivre sur les routes d'Europe, sa tante et son oncle Lee Halliday.

Ainsi il eut l'occasion de vivre en Angleterre, Espagne, Italie, Danemark, Allemagne, et même à Genève pendant 2 ans.

Ce n'est qu'à 8 ans qu'il rentra à Paris…

Du coup, il n'eut pas l'occasion de s'attacher matériellement aux choses… Mais plus tard ce sera le contraire, Johnny devenu très riche ne fera qu'amasser avec indécence les biens matériels (villas, voitures, motos etc…)

Le comédien né

Johnny était ce qu'on appelle un "enfant de la balle".

Père comédien, mère mannequin, tante dans le milieu du spectacle, du cirque et des cousines danseuses…

A Londres, à 5 ans, Johnny était apparu grimé en petit africain dans "Caligula", une pièce en 4 actes d'Albert Camus, publiée en 1944. L'œil de l'Aigle qui regarde le Club Johnny Hallyday, crée une ligne qui passe sur la rue d'Albert Camus… "Johnny" a appris à chanter à Londres avec les chansons d'Edith Piaf.

D'ailleurs dans le Code, la ligne reliant la Place d'Edith Piaf à l'Arc de Triomphe, passe sur le centre de l'Ankh (Place de l'Opéra), Clef du Destin et sur l'Association Club Johnny Hallyday (n°10, rue de Caumartin).

Signe du destin, à la fin de sa carrière il reprendra les chefs-d'œuvre d'Édith Piaf et de Jacques Brel. La boucle était bouclée.

A Cologne (Allemagne), il fit ses premiers pas sur les planches dans des fêtes de la bière. À Copenhague, le jour de ses 13 ans, il chante Brassens sur la scène de l'Atlantic City.

Dans le même temps il est figurant dans un film de Clouzot.

Plus tard, il reviendra sans cesse dans des villes de France et d'Europe où il a chanté maintes fois mais dont il ne connaît que les hôtels, histoire d'aller chercher l'or pour repoudrer sa statue…

Jean-Philippe, 13 ans, chante la ballade de Davy Crockett (d'Annie Cordy).
Dans 5 ans, il sera déjà une star…

Pour ceux qui sont riches et célèbres, Johnny restera comme un objet de curiosité avant de devenir une légende.

Un jour, le général de Gaulle un tant soit peu agacé par son succès auprès de la jeunesse prête à le bousculer, avait dit de lui : *"Ce jeune homme a de l'énergie à revendre, il faudrait l'envoyer casser des cailloux sur les routes"!*

Quand il chante, Johnny donne à chacun l'impression qu'il ne s'adresse qu'à lui.

Dans nos vies, mais pour ceux qui ne sont pas fans, il y aura toujours une place pour une de ses chansons.

Square de La Trinité (d'Estienne d'Orves)
Les années 50

Le petit Jean-Philippe Smet, baptisé à 1 an, en l'église de la Sainte-Trinité à Paris, est resté marqué par l'éducation chrétienne de sa tante Hélène Mar (mariée à Jacob, un prince éthiopien…).

Les dernières années de son existence, même s'il aimait toujours exhiber des têtes de mort ou des symboles de Satan, devenues des emblèmes de la musique rock et gothique, Johnny Hallyday arborait autour du cou une croix assez imposante avec un personnage crucifié portant une guitare électrique…

La croix est gravée des initiales JH (Johnny Hallyday ou Jimmy Hendrix ?), à l'emplacement de l'inscription " IN RI" de la croix du Christ.

Le nom de l'orfèvre qui a réalisé cette croix est resté top secret. A présent, c'est Laeticia qui la porte…

Lors du baptême à l'église de la Trinité, le parrain du futur Johnny fut **Alain Trutat** (1922-2006), un réalisateur et homme de radio qui occupa de multiples fonctions dans le domaine de la radio française et fut le cofondateur de France Culture.

C'est ici, à l'ombre de l'église de La Trinité que le futur Johnny Hallyday se réfugiait lorsqu'il faisait l'école buissonnière avec ses copains.

C'était pour eux le lieu de tous les possibles ; un lieu de joie.

Un rendez-vous de toute une génération qui a bousculé la variété française, où tout a commencé…

Les Bras en croix est une chanson de Johnny Hallyday, sortie en 1963. Écrite par Jil et Jan et composée par Johnny …

C'est là que Johnny a rencontré Jacques Dutronc qui habitait au n°69, rue de Provence et Eddy Mitchell qui habitait au n°9, Boulevard d'Algérie.

Ces jeunes canailles formeront 60 ans plus tard la bande des "Vieilles Canailles" avec laquelle Johnny fit les derniers concerts de sa vie pendant l'été 2017. Le dernier se déroulera à Carcassonne le 5 juillet, 5 mois avant sa mort.

Les "Vieilles Canailles", c'est le rassemblement de trois "success story" qui prennent racine autour du bien nommé Square de la Trinité. Trois légendes de la chanson : Johnny Hallyday (Jean-Philippe Smet), Eddy Mitchell (Claude Moine), et Jacques

Dutronc, bref, une… trinité. Encore une coïncidence… le bistrot "Les **Canailles**" s'est ouvert au n°25, rue La Bruyère.

Ce qui nous donne un alignement significatif.
La ligne reliant ce bistrot à la rue de la **Tour des Dames**, traverse le Square de la Trinité. Cet axe se dirige sur l'église de la Madeleine…

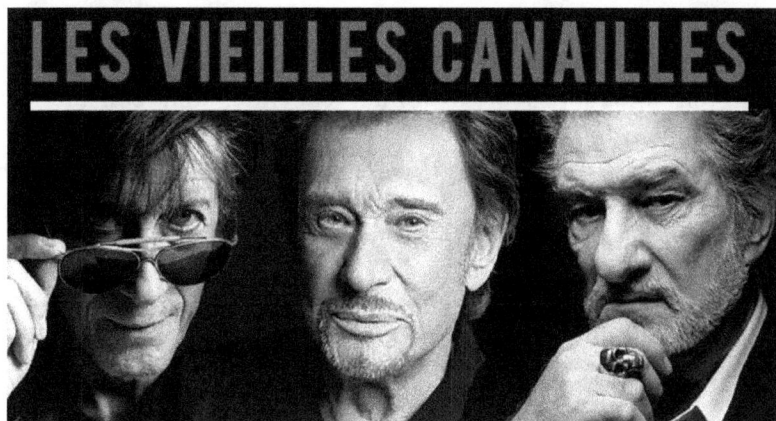

Le dimanche, Johnny chantait au Moulin Rouge pour se payer des cours de comédie à l'école de la rue Blanche.
A la base, il voulait devenir comédien comme son père.
A l'époque, il était loin d'imaginer que le succès allait lui tomber dessus. Il fut aussi devenu un petit voyou qui allait régulièrement voler aux Galeries La Fayette ou voler des vespas…

A 18 ans, ayant besoin de la signature de sa mère pour être émancipé, il dû se rendre à Grenoble où elle vivait… et faire enfin sa connaissance.

Il n'a jamais pu l'appeler "maman" qu'à l'âge de 55 ans. Le manque de son père l'a hanté toute sa vie.

A son enterrement en 1989, à Bruxelles, Johnny se retrouva seul devant la tombe de cet homme alcoolique, instable, sans femme et sans un ami.

La tante Hélène

Dès 1944, Johnny est confié à sa tante Hélène Mar, la sœur de son père et ancienne vedette du cinéma muet, sous le pseudonyme d'Eleen Dosset.

Celle-ci, lorsque sa sœur tomba enceinte, alla consulter une gitane, une tireuse de carte.

Celle-ci après avoir tiré une série exceptionnelle d'arcanes majeurs (l'Etoile, le soleil, la Roue de la Fortune et le Grand Chariot), lui prédit qu'une "grande star" illuminerait sa famille.

A ne point douter, elle avait entrevu le destin flamboyant du futur Johnny !

Elle y cru dur comme fer au point d'aller très souvent allumer des cierges au Sacré-Cœur de Montmartre et dans les églises des villes d'Europe qu'elle traversait.

La tante Hélène garda cette prédiction en tête et au fil des années, voyant que ses filles ne prenaient pas la voie du grand destin annoncé, commença un peu à se douter que la gitane avait vu se profiler le devenir du petit Jean-Philippe.

THE CHARIOT   LE SOLEIL   L'ÉTOILE   LA ROUE DE FORTUNE

Le rôle d'Hélène dans la carrière de Johnny fut capital si l'on en croit le Code.

Le Grand Œil (Observatoire de Paris) qui regarde la rue Hélène, crée une ligne de 5,6 km qui passe comme par enchantement sur l'Association Club Johnny Hallyday (n°10, rue de Caumartin) et… le Temple de la Chanson : l'Olympia, qui affichera 266 fois en lettre de feu le nom de la star jusqu'au lendemain de sa mort.

Johnny Hallyday aimait venir le dimanche dans le jardin des Tuileries pour faire voguer son petit bateau sur le grand bassin du jardin.

Plus tard, il y retrouve ses amis pour répéter ses chansons, coincé dans ses blue-jeans achetés si serrés qu'ils l'empêchent parfois de s'asseoir !

Fidèle à ce quartier, Johnny prendra l'habitude d'acheter ses guitares à moins de 100 m de son lieu de naissance, à la boutique de Jean Drouet "Guitar Street Bass Center" (n°22, rue Victor Massé).

LA CARRIERE DE JOHNNY (1959 à 2017)

Au début de sa carrière, Johnny peut compter sur le soutien du compagnon de sa cousine, Lee Hallyday.

Convaincu que le *rock'n'roll* peut s'imposer en France, il envoie régulièrement depuis les USA, des vinyles qu'on ne pouvait pas acheter en France (Presley, Bill Haley, Gene Vincent etc...).

Johnny passe alors des heures dans sa chambre, à copier les pas de danse et les postures des stars américaines.

Le premier film d'Elvis Presley qu'il a vu au Grand Rex à l'âge de 12 ans, était "Loving You".

Ce fut le premier déclic ; il veut devenir chanteur de rock'n'roll !

Désormais, cette nouvelle passion monopolise toute son énergie, au grand damne de sa tante Hélène qui n'aime pas cette musique de sauvage. Elle commence à regretter d'avoir fait brûler autant de cierges pour en arriver là.

Line Renaud, Elvis Presley (1959) et les débuts de Johnny...

En 1954, un ouragan sonore balaie la planète. Son nom : Elvis Presley, synthèse vivante du blues, du gospel et de la country. Avec "That's All Right, Mama", il a incarné le rock'n'roll et en est devenu le roi... the King.

Sa musique atteindra la France en 1955 grâce à Europe n° 1. Ses disques ne seront commercialisés que l'année suivante. Malheureusement le King ne chantera jamais en France.

A l'occasion d'une permission lors de son service militaire en Allemagne, il vint à Paris le 17 juin 1959 pour assister au concert du Golden Gate Quartet au Casino de Paris.

À l'issu du spectacle, Elvis rejoint les artistes dans leur loge et fera avec eux un "bœuf" qui se déroulera jusqu'à l'aube.

Ce sera la seule fois où le King chantera à Paris, avec pour seul public les membres du Golden Gate Quartet et leur chauffeur, Line Renaud et son mari, une habilleuse et le concierge !

Coïncidence : l'année suivante Line Renaud deviendra marraine de show business de Johnny (17 ans) et le présentera officiellement devant les caméras lors de son premier passage à la télévision le 18 avril 1960, au cours de l'émission " A l'Ecole des vedettes" présentée par Aimée Mortimer et tournée aux Buttes-Chaumont. A l'époque Line ne se doute pas qu'elle vient de présenter une des futures plus grandes stars françaises…

Line Renaud s'appelle en réalité Jacqueline Gasté sa société "Madame Jacqueline Gasté" (et probablement son adresse personnelle, se trouve depuis avril 1988 au n°5, rue du Bois de Boulogne (16e) ; elle a été radiée le 19 septembre 2017, soit 77 jours avant la mort de Johnny…

Etrangement, l'axe Sarl Mamour et l'Association Club Johnny Hallyday nous mène très précisément sur son adresse.

Plus troublant encore, l'œil de l'Aigle qui regarde son adresse, crée une ligne de 7 kilomètres qui passe sur la rue de la Tour des Dames, la rue d'enfance de Johnny !

Notons que le Casino de Paris, salle mythique parisienne se trouve dans le quartier du 9ème arrondissement où Johnny passa son enfance, et à moins de 200 m de sa rue, la Tour des Dames ! Autre coïncidence, l'année 1959 fut une année décisive pour Johnny Hallyday qui publie son premier disque 45 tours : "T'aimer follement". Il chante des rocks influencés par les Etats-Unis, qui lui vaudront plus tard le surnom d'"Elvis français".

Elvis Presley (1935-1977), n'a pas été oublié dans le Code.
Le roi du rock est mort et enterré à Memphis (Tennessee) dans sa propriété de Graceland.
A Paris, son fan club officiel français (5000 membres), doublé d'une boutique *Elvis my Happiness*, se trouvait au n°9, rue Notre-Dame-des-Victoires (2e). Il organise régulièrement des Pèlerinages à Memphis.
Le bar "Le Tennessee", représentant l'état américain où il est inhumé, se trouve au n°12, rue André Mazet (6e).
Cette adresse nous mène tout droit sur une représentation en 3 D et grandeur nature du "King".
En effet, le Grand-Œil (Observatoire de Paris) qui regarde l'effigie en cire d'Elvis Presley sous la coupole du Musée Grévin, crée une ligne qui traverse le bar "Le Tennessee", la Place des Victoires (en plein centre, sur la statue du roi-Soleil) et son fan club parisien *Elvis my Happiness* (n°9, rue N-D des Victoires).
L'Œil de l'Aigle qui regarde cette adresse, crée une ligne qui traverse avec précision la discothèque "le Memphis", situé au n°3, Impasse Bonne Nouvelle.
Elvis my Happiness, se trouvait dans l'alignement sud du Hard Rock Café de Paris (14, Boulevard de Montmartre), sur la ligne reliant la Place des Victoires au Hard Rock Café...

Elvis Presley était surnommé le "King" (le Roi). La ligne joignant la Cité de la Musique (La Villette) au fan club d'Elvis Presley, traverse le cinéma Le Grand Rex (le grand roi) !

Johnny rêvait de devenir Elvis… Il y est parvenu si l'on en croit la nécrologie publiée par le New York Times intitulée « *Johnny Hallyday*, le *Elvis Presley* français, est mort à 74 ans »… 40 ans après le King.

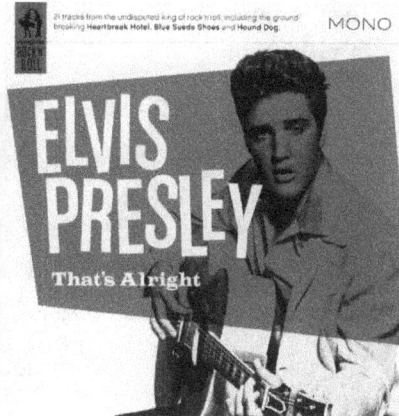

Le Label de Johnny Hallyday est la société Warner Music France, implantée au n°118, rue du Mont-Cenis (18e).

La ligne reliant cette adresse à l'Association Club Johnny Hallyday (n°10 rue de Caumartin), passe sur le Square de la Trinité où Johnny et sa bande rêvaient de devenir des chanteurs.

Johnny n'a jamais rencontré Elvis Presley, mais il a assisté à son concert à Las Vegas, en 1964. Il avait 20 ans…

Deux ans auparavant, il avait fait seul le voyage Paris-Las Vegas pour voir Samy Davis Junior et Frank Sinatra.

Johnny et sa Bonne Etoile

Quelques années avant la naissance de Johnny, en Belgique une gitane, avait prédit à sa tante qu'une "grande star" naîtrait dans sa famille... Etait-ce Johnny ?

A noter que le mot "star" employé par la gitane, pour dire "étoile" n'était pas courant à l'époque.

En tout cas, le chanteur est resté fidèle à une gitane, mais celle-ci "sans filtre" a fini par le tuer.

Il est d'ailleurs représenté avec elle au Musée Grévin, depuis plus de 50 ans. Johnny disait « *Je crois qu'il y a un Dieu, mais ce Dieu, je ne le connais pas. Par contre, je pense que j'ai une très bonne étoile ! - Cette étoile, c'est peut-être Dieu...* »

En 2013, il précisait sa conception de la spiritualité : "*Je pense qu'il y a quelqu'un, un être qui nous a créé...*".

Si ces dernières années, il avait lu le Parisis Code, il en aurait eu la preuve... sans toutefois se douter que son destin s'inscrirait avec autant de précisions, et d'une façon aussi spectaculaire dans sa ville natale.

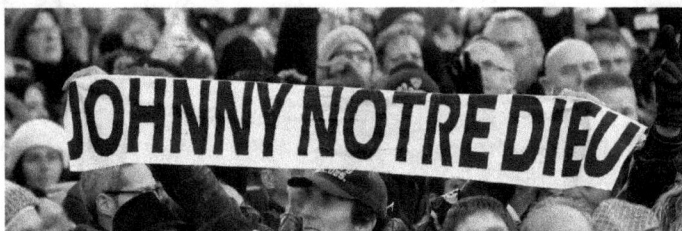

Trois ans avant sa mort, il déclarait : « *Je crois en quelque chose, c'est-à-dire que je ne suis pas croyant, mais je crois – pour moi, c'est certain – qu'il y a sûrement un dieu qui me surveille. (...) Ça m'arrive de dire : "Merci mon Dieu", mais je crois plutôt en ma bonne étoile* ».

Croire en sa bonne étoile, c'est en fait penser que Dieu nous fait des cadeaux. Il nous avantage par rapport aux autres...

Depuis la nuit des temps, les phénomènes incompréhensibles étaient expliqués par l'astrologie.

Les étoiles étaient des guides et leur position (selon la croyance populaire) pouvait marquer le destin d'une personne.

Association La Bonne Etoile

L'**Association La Bonne Etoile** (n°88, rue de Rennes), qui vient en aide aux orphelins vietnamiens handicapés et malades du sida fut créée le 14/11/2011 par Laeticia Hallyday, "maman" des deux vietnamiennes Jade et Joy qu'elle a adopté en 2004 et 2008.

Etrange : la ligne reliant l'Association La Bonne Etoile (n°88, rue de Rennes) à l'ACJH (Association Club Johnny Hallyday) - n°10 rue de Caumartin, passe sur la Sarl La Bonne Etoile (n°231, rue de Saint-Honoré) créée en 2008.

Le Grand Œil qui regarde l'Ambassade du Vietnam (n°61, rue de Miromesnil) crée une ligne qui passe devant l'Association La Bonne Etoile en passant sur la bien nommée "rue de la Bienfaisance"...

JOHNNY ET SES TATOUAGES

Les **premiers** tatouages de Johnny Hallyday datent des années 90.

A la fin de sa vie, il était devenu un grand tatoué, et un modèle pour ses fans ou ses amis bikers, désireux d'afficher sous ce mode d'expression, leur passion pour lui et les "valeurs" qu'il représente. En 2015, il se fit tatouer son épouse Laeticia dans le plus simple appareil, dans une position équivoque...

Le tatouage satanique

C'est le **24 mai 2015** que Johnny se fit tatouer le nombre **666** sur son avant-bras droit par Rick Walters, une légende du tatouage, dans le salon "**Shamrock** Tatoo" de Mark **Mahoney**, sur Sunset Boulevard à Los Angeles.

Coïncidence ou retour de bâton du Destin ? Toujours est-il que soit **666** jours plus tard, le 20 mars 2017, Johnny annonçait officiellement se battre contre un cancer des poumons.

Dans les colonnes de Paris Match, Mark Mahoney, tatoueur des stars révèle qu'il a aussi tatoué Nicolas Sarkozy.

Pour certains, se tatouer le 666 sur son corps peut être considéré comme faire un pacte avec Lucifer.

Le tatouage "666" de Johnny (son avant dernier), a été exécuté juste au-dessus du tatouage de scorpion qui fut son tout premier tatouage. Il représente le signe zodiacal de sa fille Laura.

Le nombre 666 se trouve juste au-dessus du dard **mortel** de l'animal. Le scorpion demeure le signe-mystère du zodiaque.

On lui attribue deux formes : un scorpion, animal qui transporte le dard de la mort dans sa queue, et un aigle, l'oiseau qui peut s'élever le plus près du soleil.

La ligne reliant la Sarl **666** (n°103, Avenue d'Italie) à la société **"24 mai** Production" (n°114, Boulevard de Magenta) passe juste devant l'Impasse de la Planchette où est domiciliée la Sarl **Mamour** !

La ligne reliant la Sarl **666** au **Club Johnny Hallyday** passe sur la **Pyramide Inversée** (Carrousel du Louvre). Message ?

A Paris, la ligne reliant la Sarl **Shamrock** (n°1, Villa Boissière) au Café **Shamrock** (10, rue de Lappe), passe sur la Sarl **Satan** (12 rue du Prévôt).

La ligne reliant la Sarl **Shamrock** (1, Villa Boissière) à la Sarl **Mahoney** Training Consultant (n°35, rue d'Hauteville), passe sur le **Club Johnny Hallyday**.

Officiellement, ce nombre 666 représente pour Johnny, amoureux des grands espaces et de liberté, la "Route 666" qu'il a traversée en moto de l'Arizona jusqu'au Nouveau Mexique.
Tout un symbole pour les motards…

Elle a été rebaptisée "Route 491" en 2003 en raison de sa connotation sulfureuse avec le chiffre du Diable.
Mais si, pour Johnny c'était la véritable explication de son tatouage, pourquoi n'a-t-il pas fait écrire "Route 666" ou tout simplement la plaque indicative ? Et pourquoi retrouve-t-on ce nombre satanique sur un autre de ses tatouages ?

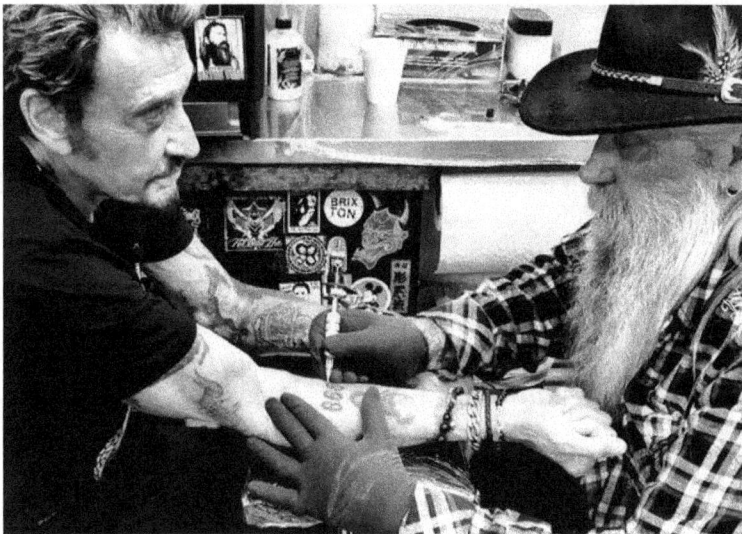

Mais pourquoi bon Dieu, l'œil de l'Aigle qui regarde la Sarl **Lucifer** (n°35, rue de la Pompe), crée-t-elle une ligne qui passe sur le **Club Johnny Hallyday** ?

Faire un signe, ou adhérer à un symbole sans savoir ce qu'il signifie, c'est comme faire une prière donnant son énergie (ou son consentement) à une entité et ou égrégore, renforçant ainsi son efficacité.

Et ceci marche également avec les paroles de chansons...

Peu importe que vous y croyez ou pas, les Ultra-élites de ce monde physique et leurs sbires le savent très bien et l'appliquent tous les jours.

Ainsi, entre autre, Johnny Hallyday a chanté "Veau D'or Vaudou".

Dans la Bible, le Veau d'or est un signe de rébellion contre Dieu.

Quand le peuple juif est sorti d'Egypte, lors de la marche dans le désert, Moïse a dû se retirer dans une montagne pour aller converser avec Dieu en face à face.

Pendant ce laps de temps, le peuple qui marchait avec Moïse, s'impatientant de son retour, s'est fabriqué un veau d'or qu'il a commencé à adorer en substitution à Dieu.

Ainsi, le **Veau d'or** est une idole qu'on adore à la place de Dieu.

Paroles de la chanson Veau D'or Vaudou :" Je suis le fils de Lucifer - Seigneur et maître de la Terre - Je sème la mauvaise parole - Quand vous pleurez, moi, je rigole - J'ai mis K.O. mon challenger - Le jeune hippie de Bethléem - Qui se battait avec des fleurs - Vous l'avez démoli vous-mêmes -Vous êtes mes humbles serviteurs -Soyez maudits en ma demeure ! Veau d'or, vaudou - Je suis la raison du plus fou etc....

En 1970, Johnny sortait la chanson "Jésus Christ est un hippie" ou celui-ci est décrit comme un SDF drogué.

Faut-il d'autres démonstrations de son engagement pour salir Jésus...

Johnny était une âme tourmentée, qui parlait souvent de ses problèmes d'addiction et ses peurs personnelles, qu'il nommait ses "Démons"...

Il était depuis toujours taraudé par la peur de la mort, de la maladie et surtout de la solitude, qu'il essayait de compenser avec ses amis par d'interminables virées nocturnes alcoolisées.

Grand fumeur de Gitanes, il confessait notamment avoir consommé de l'opium, du haschisch et de la cocaïne :

"Il faut que j'aille mal pour savoir que je pourrais aller bien. J'ai besoin d'être au fond du trou pour remonter ?".

La ligne reliant le Club J.Hallyday à la Sarl "Les Démons" (n°9, rue des Trois Bornes) passe effectivement sur la Sarl Mamour !

En 1954 à l'âge de 13 ans, Johnny Hallyday (Jean-Philippe Smet) apparaît comme figurant pour la première fois dans un film.

Il s'agit des "**Les Diaboliques**", d'Henry-Georges Clouzot.

La ligne reliant la Société "**Que le Diable m'emporte**" (n°32, rue du Moulinet) au Club Johnny Hallyday, passe sur la **statue de la Mort** (très suggestive) qui se trouve au sein de la Faculté de Médecine des Cordeliers (n°15, rue de l'Ecole de Médecine), et sur la **Pyramide inversée** (Tuileries).

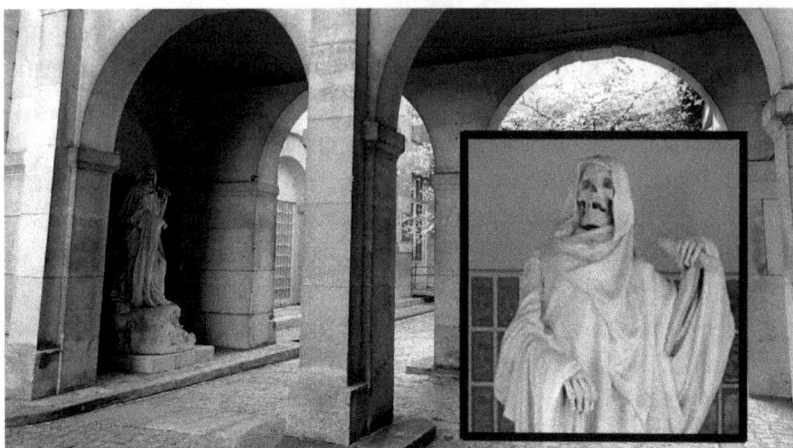

Statue de la Mort de la Faculté de Médecine des Cordeliers

Le poignard gardé par un serpent...

En **2008**, Johnny Hallyday et Laeticia se rendent au fameux *Shamrock Tattoo* à Los Angeles pour graver dans l'avant-bras gauche de la star, un poignard transperçant un crâne gardé par un serpent.

Ce motif classique du "milieu" et de la "voyoucratie", représente le Glaive de la vengeance. Johnny avait-il des comptes à rendre ?

Le serpent avec la tête en haut (comme celui de Johnny), signifie que la vengeance n'est pas encore réalisée....

Quand le serpent a la tête en bas, c'est que vengeance est faite.

Symbole de puissance, le glaive rappelle que la justice n'est rien sans la force qui permet de la faire appliquer.

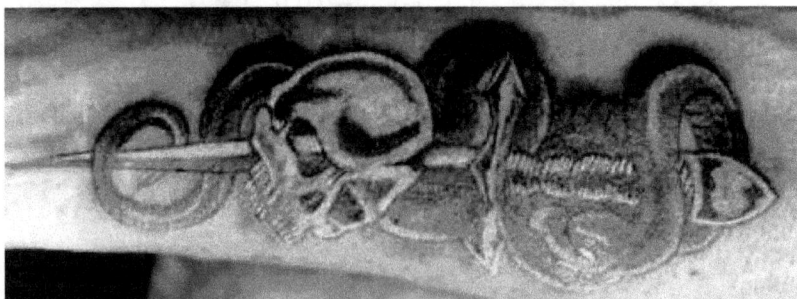

Glaive, tête de mort et serpent...

En général, la représentation de la tête de mort est là pour nous rappeler que nous sommes mortels..."Memento mori"- disaient les romains.

Placer un poignard dans un crâne est aussi un moyen de montrer que vous avez déjà tué la peur, et que la mort ne vous dérange pas.

La combinaison du glaive et du serpent est aussi représentatif de Mercure (Hermes), le dieu romain de la communication, qui conduit également les âmes récemment décédées vers l'Au-Delà…

L'Attrape Rêve

Au printemps **2013**, toujours au Shamrock Social Club, Johnny s'est fait tatouer un attrape-rêves (en anglais : *dreamcatcher*) juste sous le museau de la tête de loup.

Chez les indiens d'Amérique, un capteur de rêves ou attrape-rêves (en anglais : *dreamcatcher*) est un objet artisanal composé d'un cerceau sensé empêcher les mauvais rêves d'envahir le sommeil de son détenteur.

Agissant comme un filtre, il capte les belles images de la nuit et brûle les mauvaises visions.

Les capteurs de rêves sont accrochés du côté où le soleil se lève, afin que la lumière du jour puisse détruire les mauvais rêves qui se sont installés dans les perles et les fils de la toile.

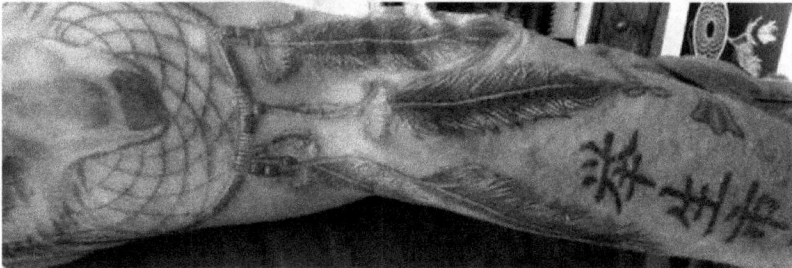

L'œil de l'Aigle des Buttes-Chaumont qui regarde le Club Johnny Hallyday, crée une ligne qui passe sur la Société "Dreamcatcher" (n°12, rue de la Chaussée d'Antin) et l'entrée de l'Opéra Garnier (boucle de l'Ankh et Clef du Destin). Cet axe rejoint le chœur de La Madeleine (Funérailles).

La Médaille Miraculeuse

Le tout dernier tatouage de Johnny fut exécuté ou au moins finalisé (d'après le message Instagram envoyé par Johnny), le 4 octobre **2016**, jour de la Saint-François d'Assise (clin d'œil au Pape François?), soit 13 mois avant sa mort, et peut être motivé par la connaissance de la maladie mortelle qui commençait à le ronger.

Etrange : la ligne reliant l'église St-François d'Assise (n°9, rue de la Mouzaïa) au chœur de l'église de la Madeleine (Funérailles de Johnny) passe sur le Club Johnny Hallyday (n°10, rue de Caumartin).

Le motif de ce tatouage est macabre et surprenant: un couple de squelettes s'embrassant tendrement à l'abri d'un cœur géant.

L'un des squelettes est couronné de roses (la fleur des amoureux).

Un message à l'attention de Laeticia: on continuera de s'aimer au-delà de la mort… pour l'éternité ?

Il s'agit de deux squelettes découverts en 1972 dans une fosse en Iran, à Teppe Hasanlu (Azerbaïdjan occidental).

Ce tatouage est inspiré des "**Amoureux de Hasanlu**" une énigme moderne de l'archéologie, qui est la représentation frappante d'un amour éternel.

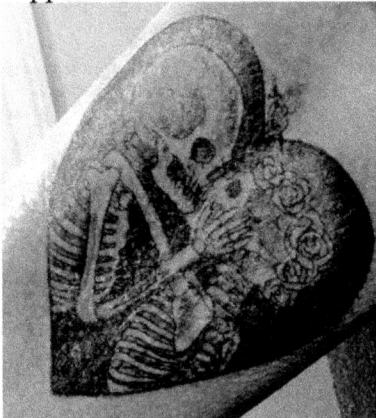

Dernier tatouage de Johnny   *Les amoureux de Hasanlu*

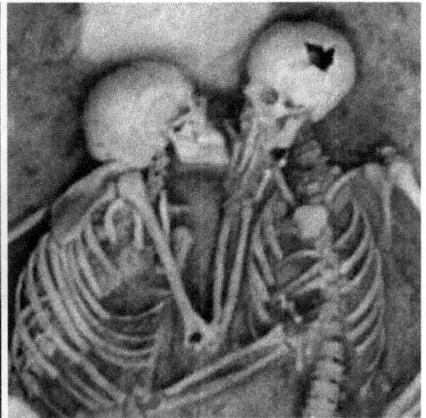

Ces deux jeunes individus dont l'un aurait une trentaine d'années et l'autre une vingtaine, seraient morts il y a environ 2800 ans. Leur ancestral baiser attendrit et intrigue les chercheurs.

Les deux amants (qui semblent être deux hommes), d'après les chercheurs), seraient morts d'asphyxie. Le crâne de l'un d'eux est percé d'un trou…

Deux squelettes d'amants datant du Néolitique (6000 ans !), furent découverts en 2007 dans la même position, à Mantoue (Italie du Nord).

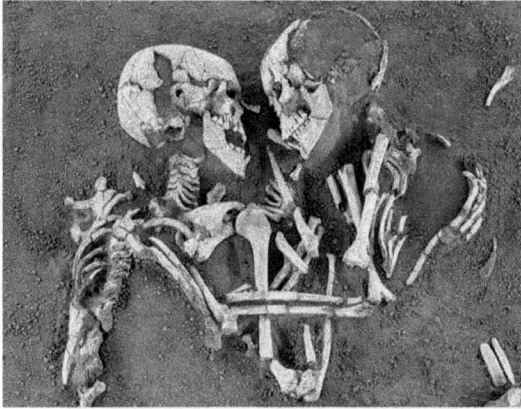

Les amants de Mantoue (Italie)

Mais cet ultime tatouage cache un petit mystère chrétien à peine visible mais très symbolique, destiné semble-t-il à demander une dernière faveur à la mère du Christ.

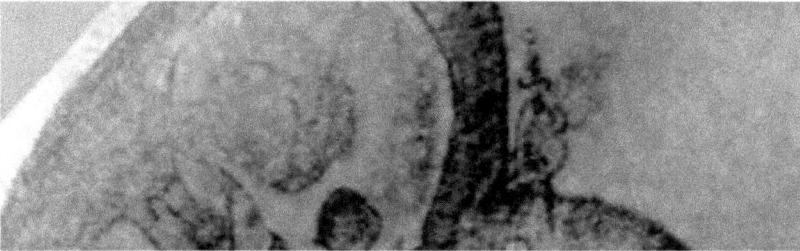

jhallyday My new tattoo # me and my love for eternity#

Ce détail minuscule (moins d'un centimètre) se situe juste au-dessus du cœur. Il s'agit ni plus ni moins que d'un des éléments de la Médaille Miraculeuse de la rue du Bac : un cœur flamboyant transpercé par un glaive.

Médaille Miraculeuse qu'Edith Piaf elle-même avait toujours sur elle, allant même jusqu'à la coudre dans les vêtements de son amant Michel Cerdan.

Cette médaille aurait été conçue et sa diffusion ordonnée par la Sainte-Vierge lors des apparitions mariales qui se sont produites à Paris en 1830, au n°140, de la rue du Bac à Paris.

En 1876, plus d'un milliard de ces médailles ont été frappées !

Le cœur percé d'un glaive est celui de Marie.

Il signifie l'amour du Christ qui habite Marie et son amour pour nous : pour notre Salut, elle accepte le sacrifice de son propre Fils.

Dans le tatouage de Johnny, on remarquera que ce cœur percé est inversé. Le glaive perce de gauche à droite.

Laeticia, l'épouse du chanteur étant très croyante, on peut imaginer que c'est elle qui a tenu à faire figurer ce petit détail porte bonheur sur le tatouage de son époux en danger de mort.

Sur la carte de Paris, on remarquera deux messages en rapport avec cette médaille.

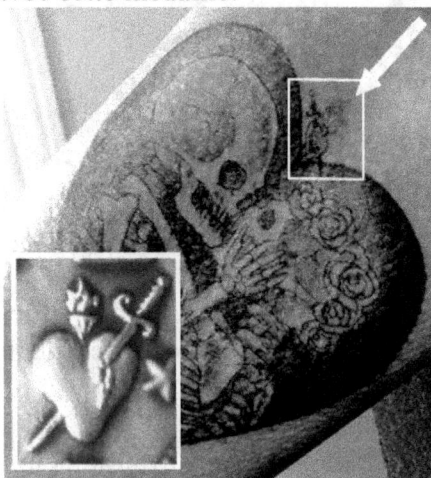

La Chapelle de la Médaille Miraculeuse (n°140, rue du Bac) se trouve sur la ligne reliant le Club Johnny Hallyday (n°10, rue de Caumartin) à la Tour Maine-Montparnasse, Clef de l'Intelligence et de l'Evolution.

La Sarl Mamour se trouve sur la ligne reliant La Chapelle de la Médaille Miraculeuse à la Cité de la Musique (n°221, Av. Jean-Jaurès). Mais ce n'est pas le seul secret que dissimule ce tatouage.

En effet, les bras des deux amants et leurs crânes cachent le nombre 43, qui est l'année de naissance de Johnny : 1943. A 43 ans, le 18 mars 2018, Laeticia était veuve…

Le Lion - Sur son avant-bras droit, Johnny a fait tatouer (en **2001**?) une tête de Lion en l'honneur de son fils David qui est du signe du Lion.

Mais à regarder de plus près, ce second tatouage est beaucoup plus symbolique qu'il n'y paraît.

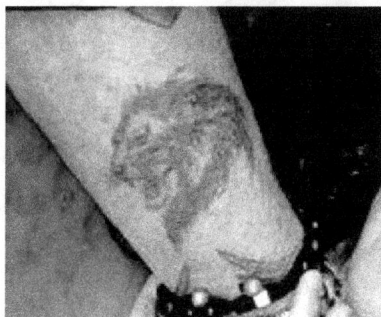

Léon est un prénom masculin issu du latin Léo qui signifie lion.
Or, le père de Johnny se prénommait "Léon".
Le deuxième prénom de Johnny (Jean-Philippe) était… Léo !
Ce prénom est symbole de force et de courage. Léo est un diminutif de Léon et Léonard.

Jade et Joy - En **2012**, Johnny fait réaliser sur son bras gauche un tatouage fortement symbolique dédié à ses filles Jade et Joy.

Ce dessin raconte une histoire qui lui est chère. Un vrai plaisir à déchiffrer ! Il représente une étoile rayonnante à 5 branches incluse dans un As de Pique...

Les prénoms des deux filles Jade et Joy figurent de part et d'autre du pique noir, inscrits dans une banderole.

L'inscription des prénoms cachent un petit mystère apparemment satanique.

En effet, on remarquera que les trois lettres "J" dépassent de la bande, de sorte à former discrètement le nombre 666. Pourquoi faire apparaître le nom de la Bête ?

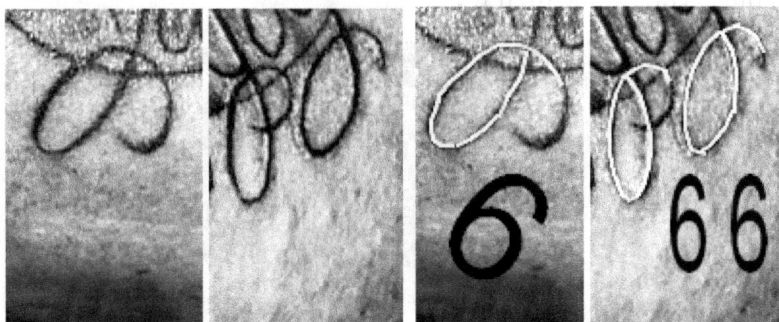

La carte "As de pique" est le symbole de la conquête, de la victoire obtenue avec la force après des obstacles, des difficultés de toutes sortes.

Elle représente la lutte dont l'issue est favorable après une volonté, une détermination ...

Les époux Hallyday ont eu beaucoup de difficultés à devenir parents à cause de la stérilité de Laeticia.

Ce combat s'est terminé par l'adoption de leurs deux filles vietnamiennes.

L'étoile représente le Vietnam. Elle est jaune et présentée au centre de leur drapeau rouge.

Sur le tatouage, l'étoile émet de nombreux rayons, pour bien montrer que les petites filles sont venues illuminer sa vie.

Drapeau et armoirie du Vietnam

Le Loup, Aigle et plume d'indien... C'est en **1992** qu'un des tatouages les plus célèbres de Johnny (qu'il porte au bras droit), la tête d'aigle posée sur une plume indienne, fut réalisé à titre gracieux par J-P Daurès, dit "Santiag".

Ce dessin en noir et blanc est déposé à l'INPI (Institut national de la propriété industrielle) sous le numéro 927287 par son créateur.

L'aigle symbolise la liberté, l'Amérique, terre des indiens, que Johnny a plusieurs fois sillonné en Harley Davidson.

Dans les tribus indiennes, il n'était pas donné à tous de porter des plumes sur la tête : seuls ceux qui avaient prouvé leur courage avaient le droit de se mettre une plume d'aigle mâle royal dans les cheveux, et ceci jusqu'à former une coiffe complète.

De tous les animaux créés par le "Grand Esprit" (l'entité créatrice), l'aigle était celui qui était le plus proche de lui, puisqu'il volait le plus haut.

Ses plumes possédaient donc un statut très particulier car elles représentaient non seulement l'essence sacrée des oiseaux en général, mais pouvaient aussi guider les pensées et les prières vers le Grand Esprit.

Un ancien proverbe indien dit : " Celui qui porte une plume ne ment pas."

Un aigle au bras droit et une tête de loup au bras gauche...

Johnny ignorait que moins de deux mois après sa mort, une tête d'aigle, celle des Buttes-Chaumont, voulue par Napoléon III, serait capable de retracer (grâce au "Grand Esprit"?) une partie de sa vie avec une précision inimaginable !

Un pacte avec le Diable ? Le pacte avec le Diable est un thème qui revient souvent dans l'univers du rock ou du gothisme.
Par un pacte avec le Diable, une personne pourrait facilement obtenir le bonheur, ou ce qui peut le représenter à ses yeux, comme le succès dans le milieu du show business, la célébrité etc...Tout ce qu'en fait, Johnny Hallyday a obtenu...
Mais ce pacte camouflerait une aliénation désastreuse dont le signataire ne perçoit pas a priori l'importance : la propriété de son âme.
Ce pourrait être un peu comme un contrat de vente à terme limité par le décès, ou alors une exécution immédiate, la personne étant privée de son âme de son vivant.
Bien entendu, cette théorie est à prendre avec précaution puisqu'il n'existe aucune preuve concrète d'un tel pacte.
De plus, s'il existe, on ignore à quel moment ce contrat intervient et de quelle manière.
Dans le Vaudou, il existe un esprit dont le nom le plus connu est *Maître carrefour*. Esprit de la destinée, il a été identifié au Diable par les missionnaires catholiques...
Concernant certains personnages qui ont traversé l'Histoire avec une aura, une gloire, une puissance, une chance ou des succès insolents (Napoléon, Hitler, Elvis Presley etc...), on est tenté de

penser que ce pacte existe vraiment, et ce n'est pas le Code de Paris (le Parisis Code) qui va nous contredire.

En tout cas, ce qui suit est très troublant…

Tommy Johnson, célèbre bluesman américain, qui selon la légende aurait vendu son âme au diable en échange de talents musicaux exceptionnels.

Cette rumeur est également attribuée à Robert Johnson, guitariste et chanteur de blues américain devenu une légende et une grande source d'inspiration pour des artistes comme Jimi Hendrix, Jimmy Page, Bob Dylan, Brian Jones, Keith Richards ou encore Eric Clapton. En 2003, le magazine Rolling Stones l'a classé cinquième meilleur guitariste de tous les temps. *(source wikipédia)*

Alors Johnny Hallyday, avait-il signé un pacte avec Satan ?

Certains alignements le laisse penser…

A Paris, il existe bien une Société **"Le Pacte"** située au n°5, rue Darcet (7ème arr.). Il s'agit d'une société de production de films et émissions de télévision créée le 2 décembre 2007, exactement 10 ans avant la mort de Johnny.

Peu avant sa mort, Johnny avait validé dix chansons pour son dernier album qui devait sortir en 2018.

Celles-ci nous donnent des indices sur l'état d'esprit du chanteur au crépuscule de sa vie.

On retiendra notamment le titre **"J'en parlerai à Satan"** dont on citera ces paroles : *"J'en parlerai au diable, il saura m'écouter, m'asseoir à sa table, et dire la vérité"*.

Jusqu'à la fin de sa vie, Johnny aura fait référence à Jésus, à Dieu, mais aussi à Satan…

Anton Larey, fondateur de l'Eglise de Satan, à San Francisco

Le Grand Œil (Observatoire de Paris) qui regarde cette société "**Le Pacte**", crée une ligne de 5,3 kilomètres qui passe sur l'Ass.Club **J.Hallyday** (10, rue Caumartin). Etrangement, si nous continuons la ligne vers le nord, elle rejoint la rue **Hélène**…

La Tante Hélène Mar aurait-elle signé un pacte avec le Diable pour Johnny ?

Elle voulait tant qu'il arrive au sommet, au point de brûler cierges sur cierges dans les églises…

La ligne reliant la rue **Hélène** à la **Porte d'Enfer** (exposé dans le parc du Musée Rodin - mur Est) passe sur Société "**Le Pacte**".

On pourrait presque penser que c'est une coïncidence, si d'autres lignes ne venaient pas confirmer ce doute.

En effet, la ligne de 7,2 km reliant la Société "**Trajectoire 666**" (n°36, rue Bayen) au magasin de musique "Music Fear **Satan**" (n°4, rue Richard Lenoir) disquaire spécialisé en musique rock metal, punk et hardcore passe sur l'Assoc.Club **J.Hallyday** (10, rue Caumartin). La ligne de 5,3 kilomètres (encore !), reliant la Société "**Le Pacte**" au magasin "Music Fear **Satan**", passe précisément sur la Sarl **Mamour** !

Music Fear Satan signifie : la musique craint Satan…

La Société "**Trajectoire 666**" (n°36, rue Bayen) a été radiée en 2017. Une autre a été créée fin 2014, au n°5, rue Descombes.

Concrétisons sous forme de ligne la phrase "**Le Pacte avec Satan**". Rien de plus simple !

La ligne de 4,1 km reliant la Sarl **Satan** (n°12, rue du Prévôt) à la Société "**Le Pacte**" (n°5, rue Darcet) passe exactement sur l'adresse d'enfance de Johnny : le n°3, **rue de la Tour des Dames**, et sur l'Hôtel "Secret de Paris", n°2, rue de Parme !

La Sarl **Satan** fut créée en 1980.

La ligne reliant l'Impasse **Satan** à la Société "**Le Pacte**", passe sur la **tombe de Jim Morrison** (dans le cimetière du Père Lachaise), sur l'Eglise du **Perpétuel Secours**, (où se trouve le prêtre **exorciste** de Paris), sur la rue **Dieu** et sur la **rue Clauzel**, où Johnny passa les premiers jours de sa vie.

Au cours de ces recherches, je suis tombé sur une société récente (2016) qui porte le nom très suggestif de "**Le Bonnet du Diable**"… Elle se trouve au n°23, rue Guillaume Tell.

Pourquoi l'œil de l'Aigle qui regarde cette société, crée-t-il une ligne qui passe sur la Société "**Le Pacte**" ?

Pour terminer, une dernière ligne très parlante qui tend à illustrer parfaitement le doute d'une mort prématurée d'ordre satanique lié au tatouage "666" de "Mamour":

La ligne reliant l'**Impasse Satan** à la Société "**Trajectoire 666**" (n°5, rue Descombes), passe sur l'entrée du cimetière du Père Lachaise (Clef de la **Mort**), et sur la Sarl **Mamour** !

Mais il est vrai que Satan a pour habitude de tout "singer" et qu'il est encore, à n'en pas douter, le maître de musique décrit par les Ecritures ! Singer = chanteur, en anglais…

Le 9 décembre 2017, lors de l'hommage national à Johnny, la dépouille du chanteur a descendu entièrement les Champs-Elysées depuis l'Arc de Triomphe.

Les Champs-Elysées, était le nom donné par les Grecs aux enfers, ne l'oublions surtout pas !

Un diable entouré d'anges. *Chanson de Johnny Hallyday*

Je vis comme un diable entouré d´anges
Les femmes sont belles autour de moi
Elles viennent avec leur visage d´ange
Maudire le ciel entre mes bras
 Refrain
Je vis comme un diable entouré d´anges
Et tu ne peux rien faire pour me changer
Tu viens avec ton visage d´ange
Je n´ai que mon enfer à te donner
Il y a trop de choses que tu ignores
Un jour, elles détruiront ton paradis
Car si tu poses tes mains sur mon corps
Je prends ta vie et je meurs aussi

Dans une interview, lorsqu'un journaliste demande à Johnny pourquoi il porte parfois des pendentifs avec des diablotins ou autre références à Satan.

On constate alors, en analysant sa mimique au début, qu'il est un peu agacé par la question de son interlocuteur.

Il réfléchit avant de répondre. Le présentateur doit même se répéter.

Il finit par répondre avec franchise qu'il se confie au Diable tous les jours.

En 1979, c'est la sortie du 33 tours "Hollywood". Le "W" de Hollywood forme une corne sur la tête de Johnny… la deuxième, cachée par sa coiffure, est suggérée.

Le 22 avril 2015, au Festival de Coachella, à Indio, en Californie (l'un des plus gros festivals de rock, électro, hip hop des USA, créé en 1999), Laeticia arbore une paire de cornes de diable AC/DC (groupe dont l'un des titres phare est "Highway to Hell", la route de l'enfer…). Johnny porte un tee shirt ornée de tête de mort.

Liens avec la mafia marseillaise…

Entre 18 et 20 ans, Johnny jouait sur la Côte d'Azur (Nice, Antibes, Juan-les-Pins etc…) dans les clubs ou les casinos.

Il a eu l'occasion de côtoyer la pègre de Marseille. Il avait notamment comme protecteur un ami mafieux nommé Robert le Noir.

L'homme était unijambiste suite à une rafale de mitraillette lors d'un braquage qui avait mal tourné dans le vieux port de Marseille. Quand Johnny avait des ennuis (racket sur les concerts avec des gens du Milieu) c'est lui qui lui arrangeait le coup.

Robert le Noir travaillait pour Mémé (Barthélémy) Guérini, un caïd de la mafia qui était devenu un peu le parrain de Johnny.

Les deux hommes fréquentaient le fameux Casino Palais de la Méditerranée et c'est grâce à eux, par sympathie semble-t-il, que Johnny, qui n'avait pas le droit d'entrer dans les casinos, à eu l'occasion d'y chanter.

Johnny a évité de leur demander des services, pour ne rien leur devoir, car c'est la règle du Milieu.

Ils étaient amis mais ça s'arrêtait là, ils ne l'aidaient pas… officiellement.

Un soir, Johnny Hallyday s'est fait tirer dessus à la sortie d'un restaurant. Il a appelé Robert le Noir et on n'en a plus jamais entendu parler.

Les corses Mémé Guérini et son frère devinrent de puissants gangsters dans les années 1930 et dominèrent le Milieu marseillais de la Libération jusqu'au milieu des années 1960.

Ils étaient connus pour leurs liens avec la politique et le show-business (Alain Delon, Mme Pompidou, C. Deneuve etc…).
(Anecdotes tirées du livre "Johnny 7 vies", de Sam Bernett).

Le bouc légendaire…

Le bouc légendaire du rockeur Johnny Hallyday était aussi important que ses blousons et ses bottes !

Il le faisait entretenir par le Maître Barbier Alain Blackman, surnommé "le Barbier des Stars", au n°8, rue Saint-Claude (3e), au cœur du Marais.

Cette petite échoppe aussi étonnante qu'exigüe où le temps semble s'être arrêté au XIXe siècle, officie depuis 1935.

C'est aussi une sorte de musée qui abrite une collection de plats à barbe, blaireaux et rasoirs.

Alain Blackman avait l'honneur de s'occuper en particulier du fameux bouc de Johnny.

Le chanteur avait même un rasoir de collection crée spécialement pour lui, siglé de ses initiales. Il trône aujourd'hui en bonne place.

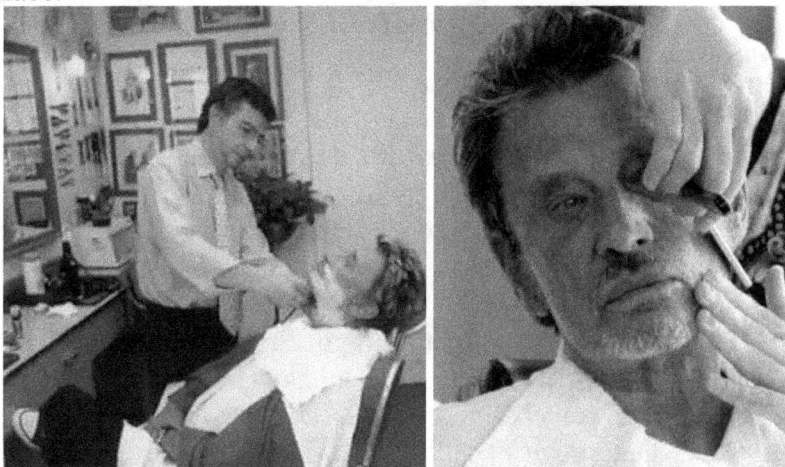

Tout au long de sa carrière et lors de ses passages à Paris, le rockeur conservait ses habitudes et ses adresses… il était fidèle à ce salon depuis plus de vingt ans.

Au fil du temps, des liens d'amitié ont lié les deux hommes qui se voyaient régulièrement.

D'ailleurs, Alain Blackman était allé en décembre 2017 à Marnes-la-Coquette pour tailler une dernière fois la barbe de Johnny…

Jusqu'au bout le rockeur a désiré conserver une belle image de lui, pour lui-même, mais surtout pour son entourage.

Symboliquement, cette image est très forte : "Blackman" signifie "homme noir" en anglais.

L'homme noir (comme le croc-mort) est une allégorie de la mort…

Vous allez me dire que, certes ce bouc de Johnny était important pour lui, mais quand même pas au point de figurer inscrit dans le Code.

Eh, bien, aussi incroyable que cela puisse paraître, il y figure en bonne place, même si ce bouc a quelque peu blanchi les derniers mois de sa vie. Démonstration :

- La ligne de 5,3 km reliant la Sarl "Le **Bouc Blanc**" (n°58, Avenue de Wagram) à l'échoppe du **Maître Barbier Alain Blackman** (n°8, rue Saint-Claude), passe "pile poil" sur le Club **Johnny Hallyday** (n°10, rue de Caumartin).

La Société "Bouc Blanc" a été créée en 2007.

LES PREMIERES ANNEES

Le Golf-Drouot (1958)

Fermé en 1981, et remplacé par un restaurant Mac Donald's, le Golf-Drouot (n°2, rue Drouot), première discothèque rock de Paris, fait partie de la légende du rock'n'roll : de futurs grands artistes avaient l'habitude de s'y retrouver pour danser autour d'un jukebox Seeburg.

Dès 1958, c'est ici que Jean-Philippe Smet va quitter l'enfance et commencer à écrire l'histoire de Johnny Hallyday.

Il fréquente cet endroit avec ses copains, et futurs confrères, Jacques Dutronc et Eddy Mitchell. Pour un "nouveau franc", ils ont le droit d'entrer dans cet ancien golf couvert, de boire un Coca-Cola et de danser. Johnny s'inspire de ses idoles, et notamment d'Elvis Presley, pour reprendre et adapter en français le répertoire rock américain en s'accompagnant à la guitare.

Le Golf-Drouot surnommé "le Temple du Rock" a acquît sa célébrité avec son tremplin du vendredi soir.

De nombreux rockeurs ont foulé ses planches, des Who à David Bowie, en passant par Les Chaussettes Noires (Eddy Mitchell) ou Jacques Dutronc.

La ligne reliant la rue Sainte-Cécile (Patronne des musiciens) à la Place de la Madeleine (Nord) passe sur le Musée Grévin où l'on peut rendre visite à la "momie virtuelle" de Johnny, traverse l'emplacement où se trouvait le Golf Drouot (n°2, rue Drouot) l'ex temple du Rock des années 60 où il fit ses débuts.

La ligne passe sur l'entrée de l'Opéra et enfin sur le Club J. Hallyday.

C'est au Golf-Drouot que Johnny fera la connaissance de son premier amour, une starlette nommée **Patricia Viterbo** (1939-1966).

Cette jeune femme qui fut remplacée dans le cœur de Johnny par Sylvie Vartan, connaitra un destin tragique peu après sa séparation avec Johnny.

Le 10 novembre 1966, lors du tournage d'un film intitulé "Judoka Agent Secret", à Paris, les freins de sa voiture lâche.

Le véhicule plonge dans la Seine, et ne sachant pas nager, elle meurt noyée à l'âge de 27 ans.

En sa mémoire, Johnny écrira pour elle la chanson "Maudite Rivière".

A deux périodes différentes de sa vie, le chanteur Johnny Hallyday fréquente le n°108 rue Saint-Lazare (juste devant la gare).

Dans sa jeunesse, en 1958, on y trouve son bar préféré : le Snack-Spot Bar.

Il en fait son QG où il retrouve ses copains pour jouer au billard électronique et écouter des disques sur le juke-box.

Plus tard, devenu un hôtel de luxe (Hilton), il y tourne en 1984 dans un film de Jean-Luc Godard : "Détective".

Le film est sifflé au Festival de Cannes 85, et Godard reçoit une tarte à la crème dans la figure... Johnny, lui, voulait casser son image de chanteur...

Le **15 décembre 1959** fut un jour important pour Johnny.

Il assistait à l'Olympia au tout premier concert en France du célèbre rockeur américain **Gene Vincent** (1935-1971).

Pour l'adolescent qui ne connaissait le rock que par les disques que lui offrait son Oncle Lee Halliday, le **"Be Bop a Lula"** de Gene fut "La" révélation ; un véritable électro-choc.

Ce soir-là., Johnny devint rockeur pour la vie. Sa voie était toute tracée.

Gene Vincent fut l'incarnation du rock des années 50 et 60, il a influencé de grandes figures de la musique (Bowie, Lennon...).

En France, Les Chaussettes Noires ou Les Chats Sauvages contribuent à sa notoriété en adaptant ses morceaux en français.

Sa vie tumultueuse, s'acheva à 36 ans, usée par les excès de toutes sortes, un peu comme Johnny, qui vivra malgré tout, deux fois plus longtemps.

L'Alhambra (1960)

En septembre 1960, Johnny Hallyday fait ses véritables débuts lors d'une série de concerts en vedette américaine (première partie) de l'humoriste Raymond Devos, dans la mythique salle de l'Alhambra (ancienne salle), au n°50, rue de Malte.

Mais au début le public est divisé ; certains spectateurs n'apprécient pas le jeune rockeur et le huent ...

Durant trois semaines, Johnny se roule par terre tout en chantant et jouant de la guitare, ce pourquoi on l'appellera "*le chanteur qui se roule par terre*".

Ce fut un peu douloureux, car il a été sifflé… mais son destin était en marche, et sa bonne étoile ne l'a plus jamais lâché !

La ligne reliant le Bar Le Destin (72, Boulevard de Ménilmontant) à la Place de l'Etoile (Charles de Gaulle), passe sur le Club J. Hallyday et… l'Alhambra !

L'Alhambra sera rebaptisé en 1956 "*Alhambra Maurice Chevalier* ".

Il est troublant de découvrir que Johnny est mort à Marnes-la-Coquette, commune de 1700 habitants où vivait Maurice Chevalier, et où se trouve sa tombe depuis 1972. Johnny avait acheté en 1999 sa Villa La Savannah (900 m2), toute proche de La Louque, (au n°4) la maison où Maurice Chevalier passa ses 20 dernières années.

Cette illustre maison qui porte le surnom de sa mère, est restée figée comme un sanctuaire ou un musée depuis sa mort. Elle fut mise en vente en 2013 à 8,4 millions d'euros.

600 m² habitables sur un terrain de 7750 m². 15 pièces, 7 chambres.

Maurice Chevalier fut l'un des rares français avec Charles Boyer et Louis Jourdan à avoir son nom sur le Walk of Fame, à Hollywood. Il avait su séduire les studios de cinéma hollywoodiens et Marlène Dietrich.

C'est suite à ce succès qu'il avait acquis cette maison en 1952.

Et c'est justement, dans cette maison que 3 ans plus tard, en 1955, le futur Johnny alors âgé de 12 ans, grâce aux relations dans le Music-Hall de sa tante Hélène, lui rendit visite pour recevoir ses conseils.

Lors de cet entretien, ce dernier à l'accent parigot lui donna ce conseil : "*Écoute mon garçon, je ne sais pas si un jour tu chanteras sur scène, mais souviens-toi de toujours bien soigner ton entrée et ta sortie. Entre les deux, chante du mieux que tu peux.*" Ce fut une parole d'évangile pour le rockeur en herbe.

Il conseilla aussi au gamin de finir de muer pour commencer le chant. Maurice Chevalier et le futur Johnny ne pensaient pas qu'ils avaient un destin commun : celui de mourir dans ce même parc et à une centaine de mètres de distance.

Le gamin avait réussi à s'offrir une maison plus grosse que celle de son maître dans laquelle, celui qui était devenu Johnny Hallyday décéda 18 ans plus tard…

Aux USA, il n'est pas prévu à ce jour d'incruster une étoile d'or pour Johnny Hallyday sur la Walk of Fame …

Johnny ne donna qu'un concert mémorable aux USA ; c'était le 24 novembre 1996 à l'Hôtel Casino Aladdin, dans la ville où son héros, Elvis Presley, passa une grande partie des dernières années de sa carrière scénique : Las Vegas.

Le concert s'intitulait "Comme un roc".

Charles Aznavour qui fit l'une des premières chansons de Johnny "Retiens la nuit", vient d'obtenir son étoile à 93 ans…

Charles a créé en 2008 une Association Charles Aznavour Contre le Cancer (n°76, Avenue des Champs-Elysées).

C'est précisément cette année-là que Johnny commença à avoir de sérieux soucis de santé.

Rappelons que Johnny a rendu son dernier soupir **rue Maurice Chevalier** (anciennement rue du Réservoir), situé dans un magnifique parc boisé privé.

L'entrée du Parc privé où résidait Johnny

Un mois après le décès de Johnny, « La Savannah », a été mise en vente par sa famille, au prix incroyable de 25 millions d'euros. Il faut préciser que Marnes-la Coquette est surnommée "le village près de Paris" ou "village des milliardaires".

Johnny Hallyday, "l'idole des jeunes" des années 60 est devenue une superstar capable de réunir sous son nom des centaines de milliers de spectateurs.

La ligne reliant l'**Idol** Hôtel (n°16 rue d'Edimbourg) au salon de Coiffure " **Super Stars**" (n°15? rue d'Argenteuil), passe sur le Club J. **Hallyday**.

En 55 ans de carrière, Johnny a reçu 40 disques d'Or (Golden Records). Un disque d'Or = 50.000 exemplaires vendus.

La ligne reliant la Cité Malesherbes (lieu de Naissance de Johnny) à la société Golden Records (n°1 rue Claude Matrat à Issy-les-Moulineaux) passe sur le Club J. Hallyday.

La ligne reliant la Sarl Les Disques Populaires (n°12, rue Moret), à l'Olympia (où Johnny a chanté 266 fois), passe sur la Sarl Mamour.

L'Oeil de l'Aigle qui regarde "La Compagnie du Disque" (n°1, rue Maublanc) passe sur la Sarl Mamour.

La première émission (1959)

Le 30 décembre 1959, Johnny est sélectionné pour enregistrer l'émission de télévision "Paris-Cocktail" au cinéma Marcadet Palace (n°110, rue Marcadet). Cette salle de 1700 places fut détruite en 1974…

C'est là que tout commence pour lui ! Enthousiasmés par sa prestation, les paroliers Jil et Jan se proposent d'écrire pour lui et vont le présenter à la maison de disques Vogue... chez qui il signera son premier contrat le 16 janvier 1960 !

Son premier 45 tours *T'aimer follement*, sort le 14 mars.

Sur la pochette, son nom à l'origine orthographié " Halliday" figure pour la 1ère fois, mais avec une faute d'orthographe ("y" au lieu de" i") qu'il ne fera pas modifier.

Le Club Johnny Hallyday se trouve sur la ligne Sarl Destin (n°4, rue du Général Camou) - Sarl Clef de la Réussite (n°61, rue de Maubeuge).

En 1961 Johnny publie *Viens danser le twist* ; il obtient alors son premier Disque d'Or !

Le Code savait-il qu'un enfant né à la Maternité Marie-Louise aurait un lien avec cette danse ?

La ligne reliant la **Maternité** Villa Marie-Louise à la Société **Twist** (n°65, Avenue Foch), passe sur l'Arc de **Triomphe**.

La première chanson, le premier disque

"**Souvenirs-Souvenirs**" est la toute première chanson du jeune Johnny Hallyday (17 ans), et son premier succès, sorti le **3 juin 1960.** C'est un vinyle 45 tours à 4 titres. Très vite elle devient la chanson-phare de toute une génération.

Chanson nostalgique mais emblématique, elle s'impose aujourd'hui comme l'hymne français des années 60.

A Paris, la Sarl "Souvenirs-Souvenirs" (n°162, rue de Rivoli) a été créée en 2016, date de la dernière chanson de Johnny " Un Dimanche de Janvier".

L'œil de l'Aigle des Buttes-Chaumont qui regarde la Société "Souvenirs-Souvenirs", crée une ligne qui passe sur l'Impasse des Planchettes (Sarl Mamour).

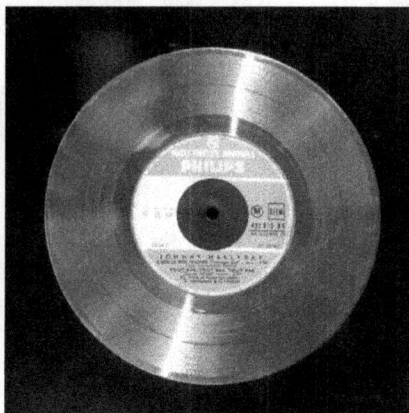

L'axe formé par la Société **"Souvenirs-Souvenirs"** et la société "Nineteen Sixty" ou établissement **1960** (n°16, rue Vandrezanne) passe sur le **Square de la Trinité** (où tout a débuté au Bar Le Calypso, entouré de ses copains Dutronc et les futurs Eddy Mitchell (Claude Moine) et Long Chris (Christian Blondieau). Amusant : l'établissement **1960** se trouve dans la "Tour **Jade**" (26 étages)…

1957 - Square de la Trinité - 1960

Avec le Code, il semble qu'il y ait souvent une connexion possible entre les êtres. Même si ce n'est pas systématique.

Prenons le cas de Christian Blondieau, le bon copain de Johnny, qui est devenu chanteur et parolier sous le pseudonyme de Long Chrys.

Celui-ci deviendra même son gendre, en épousant deux fois (en 1990 et 1992) sa fille, la comédienne Adeline Blondieau.

La ligne reliant la Clef de la Communication (Radio-France) à l'Association Club Johnny Hallyday (10, rue Caumartin), passe sur la Société Monsieur Christian Blondieau (n°18, Avenue de la Bourbonnais).

La ligne reliant la pointe du bec de l'Aigle à sa deuxième Société, Monsieur Christian Blondieau (n°78, Avenue de Suffren), passe miraculeusement sur la Sarl Mamour. Tout se tient !

L'OLYMPIA

L'Olympia (n°28, Boulevard des Capucines), est une salle de spectacle de 2000 places surnommée le "Temple de la Chanson".

C'est le plus ancien music-hall de Paris (1893), et le passage obligé pour les artistes, qui reçoivent ici la véritable consécration.

Depuis les années 60, tous les "grands" de tous les styles de musique s'y sont produits.

Johnny Hallyday (18 ans) fut le plus jeune artiste à "faire l'Olympia", le 21 septembre **1961**, son premier grand concert...

C'est là qu'il fera découvrir la mode venue des États-Unis, notamment en lançant le twist en France.

La ligne reliant le Club Johnny **Hallyday** à la rue des Artistes (14e), passe sur l'Olympia.

La ligne reliant le Club Johnny **Hallyday** à la Sarl Airport **1961** (n°100, Boulevard Montparnasse), passe sur l'**Olympia**.

Ce sera aussi le début d'une longue histoire d'amour avec ce "Temple", qui sera suivie d'une longue série de 265 concerts.

Le culte Johnny, sa légende, a débuté à l'Olympia. Son ultime voyage, ne fut pas vers l'Olympia, mais cette fois vers l'Olympe des Dieux du Rock.

Ce n'est pas pour rien si dès le lendemain de sa mort, son nom fut inscrit en lettres rouges monumentales sur le fronton de l'Olympia...

L'Observatoire de Paris (le Grand Œil) qui regarde l'Olympia crée une ligne qui passe sur le Club J. Hallyday (10, rue de Caumartin).

L'Olympia tire son nom du Mont Olympe, en Grèce, qui dans la mythologie grecque est décrit comme le domaine, le jardin secret, la villégiature des dieux (Zeus, Poséidon, Apollon etc...).

De l'Olympia, ils contemplaient le monde...

L'Olympia est devenu aussi le Temple du Rock, ce que nous confirme cet alignement :

- La ligne reliant la Sarl "**Le Diable au corps**" (n°28, Boulevard Voltaire) au restaurant "**La Flamme**" (n°6, Avenue de Wagram), passe sur l'**Olympia**.

C'est à l'Olympia que le futur Johnny Hallyday avait enfin trouvé sa voie lors du concert de **Gene Vincent**.

C'est aussi en décembre **1961**, dans les coulisses de ce lieu mythique, qu'après le show de **Vince Taylor** (l'Ange Noir du Rock'n'Roll), il rencontra pour la première fois à l'âge de 18 ans, celle qui devait devenir sa première épouse, Sylvie Vartan (17 ans) qui chantait en première partie de Vince Taylor. Ce fut le "coup de foudre"...

Sylvie et Johnny se marièrent le 12 avril 1965 à Loconville (Oise)… et divorcèrent en 1980.

2 ans et demi après ses adieux, c'est aussi sur la scène de l'Olympia que la chanteuse France Gall (1947-2018) morte le 7 janvier 2018, un mois seulement après Johnny, remontera une toute dernière fois sur scène, en août 2000, à l'invitation de Johnny Hallyday.

Ils interprètent *Quelque chose de Tennessee*, une chanson que Michel Berger avait composé pour Johnny en 1985.

Le nom de Johnny Hallyday a figuré une 267ème fois sur la façade de ce music-hall à l'occasion de son décès, qui généra un spectacle quasiment hollywoodien le 11 décembre 2017 !

Le jour des funérailles, la direction de l'Olympia avait déposée sur les marches de l'église de la Madeleine, une gerbe composée d'œillets rouges (symbole d'amour et de passion partagée), en forme de guitare électrique.

Cependant l'œillet a la réputation de jeter le mauvais sort, et de porter malheur aux comédiens…

Sur le parvis, une des motos de Johnny avait été ramenée spécialement depuis Annecy.

En 1962, un groupe de musiciens britanniques souhaitait intégrer l'orchestre de Johnny, celui-ci déclina l'invitation, car ce groupe n'avait pas encore enregistré de disques et Johnny ignorait tout simplement qui ils étaient. Ce groupe deviendra "The Beatles", le plus célèbre de l'histoire. En 1966, Jojo reprendra leur chanson *"Girl"*...

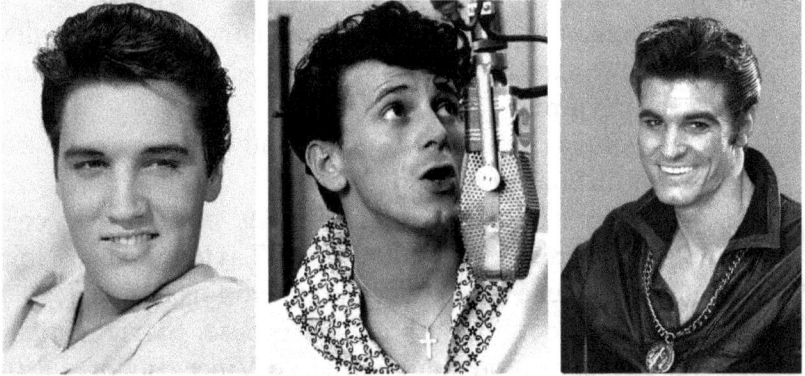

Elvis Presley, Gene Vincent et Vince Taylor, les 3 modèles de Johnny

Une rue consacrée à **Bruno Coquatrix**, le légendaire directeur et propriétaire de l'Olympia de 1954 à 1979, a été inaugurée le 30 novembre 2010 par le maire de Paris. La rue Bruno Coquatrix commence au n°13, rue Edouard VII et finit au 18, rue de Caumartin (proche de l'Association Club Johnny Hallyday). Cette rue répond aux « normes » du Code.

Par cette action, Bruno Coquatrix bénéficie d'un alignement symbolique qui le relie à jamais à la salle mythique de l'Olympia, le Temple de la Chanson.

Le Grand Œil qui regarde la rue Bruno Coquatrix, crée une ligne qui traverse l'Olympia !

Bruno Coquatrix fut aussi maire de Cabourg (Calvados) de 1971 à sa mort. Il n'existe aucune rue de ce nom à Paris.

Par contre, au n°5, rue du Mont Dore (17ème arr.), nous trouvons un Hôtel de Cabourg.

Il n'en faut pas plus au Parisis Code pour nous concocter un alignement nous révélant les deux dernières activités de Bruno Coquatrix.

En effet la ligne joignant l'Olympia à l'Hôtel de Cabourg passe effectivement devant la rue Bruno Coquatrix !

Après avoir acheté et dirigé Bobino (n° 20, rue de la Gaîté), à Montparnasse, Bruno Coquatrix prend de 1952 à 1960, la direction de l'Olympia, considérée comme le plus grand music-hall d'Europe. L'axe Bobino - Olympia nous mène sur la rue Bruno Coquatrix.

Salut les Copains fut d'abord une émission de la radio Europe n°1, en 1959, puis un magazine de D. Filipacchi de juillet 1962 à 2006. A son apogée, il a dépassé le million d'exemplaires.

Les 6 premières années, c'est bien sûr Johnny Hallyday qui apparaîtra le plus sur les couvertures du magazine (11 fois) suivi de près par Sylvie Vartan (forcément), avec 9 à son actif. Viennent ensuite Claude François (7), Sheila (6), Françoise Hardy et Adamo (5), Dutronc (4), Eddy Mitchell (2).

Elvis n'en aura qu'une ! La plupart des photos étaient signées par Jean-Marie Périer (le fils non reconnu d'Henry Salvador…).

C'est Johnny qui est apparu sur la couverture du n°1, puis son modèle Elvis Presley (armé d'un couteau !) sur le numéro 2.

Plusieurs chansons résument les années Salut les Copains :
- "Eddie sois bon" - Les Chaussettes noires (1961)
- "Daniela" - Eddy Mitchell (1961)
- "Belles, belles, belles" - Claude François (1962)
- "Et j'entends siffler le train" - Richard Anthony (1962)
- "La leçon de Twist" - Daniel Gérard (1962)
- "Retiens la nuit" - Johnny Hallyday (1962)
- "Tous les garçons et les filles" - Françoise Hardy (1962)
- "Biche, ma biche" - Franck Alamo (1963)
- "L'Ecole est finie" - Sheila (1963)
- "Pour moi la vie va commencer" - J-J Debout (1963)
- "Z'avez pas vu Mirza" - Nino Ferrer (1965)
- "Céline" - Hugues Aufray (1965)
- "Capri, c'est fini" - Hervé Vilard (1965)
- "Aline" - Christophe (1965)
- "Et moi et moi et moi" - Jacques Dutronc (1966)
- "La poupée qui fait non" - Michel Polnareff (1966)
- "Les élucubrations " - Antoine (1966)
- "Comme un garçon" - Sylvie Vartan (1967)
- "Il est mort le soleil" - Nicoletta (1967)
- "Je n'aurai pas le temps" - Michel Fugain (1967)

La "Photo du Siècle" est une photo de groupe d'artistes des années 60, prise par **Jean-Marie Périer** le 12 avril 1966, pour le poster central du numéro spécial n°47 (juin 1966) du magazine mensuel "Salut les copains" (40ème anniversaire), regroupant 46 vedettes yéyé de l'époque.

LA PHOTO DU SIECLE

Sur cette photo, Johnny de blanc vêtu, monté sur une échelle, se détache nettement du groupe, car "Salut les Copains" et les "Yéyé", c'était d'abord Johnny.

Il est le 12ème artiste décédé de cette photo de groupe.

Décédés : entre autres… Claude François (11 mars 1978) ; Dany Logan (9 juin 1984) ; Serge Gainsbourg (2 mars 1991) ; Michel Berger (2 août 1992) ; Monique des Surfs (15 novembre 1993) ; Nicole des Surfs (5 mai 2000) ; Richard Anthony (19 avril 2015) ; Johnny Hallyday (5 décembre 2017) ; France Gall (7 janvier 2018).

Chouchou et Yéyé

Chouchou était la célèbre mascotte du mensuel "Salut les copains". Il avait une tête arrondie, les cheveux coupés au bol tombant sur ses yeux. Sa "fiancée" se nommait Yéyé.

Son nom provenait d'une des rubriques de l'émission "Salut les Copains" sur Europe n° 1, intitulée *Le chouchou de la semaine*, qui désignait la chanson et/ou l'artiste privilégiée.

Chouchou apparaît discrètement dans la Photo du siècle, dans les mains du Petit Prince (Pascal Krug).

Le personnage de Chouchou s'inspire du look de Claude Lemoine, père du jeune chanteur Jordy (Dur, dur d'être bébé !).

La ligne reliant le restaurant **"Chouchou"** (n°63, rue Rambuteau) au **Yéyé** store (n°41, rue du Fbg Saint-Germain) passe juste devant l'Impasse des Planchettes, où se trouve la Sarl **Mamour**.

Il faut dire que "Mamour" fut souvent le "Chouchou de la semaine" dans "Salut les Copains" !

SON SERVICE MILITAIRE

De mai **1964 à août 1965**, pendant 16 mois, Jean-Philippe Smet alias Johnny Hallyday fit son service militaire au 43e régiment blindé d'infanterie de marine (43ème RBIMA) à **Offenburg, en Allemagne** ; à 30 minutes de Strasbourg.

Il n'était déjà plus un homme tout à fait comme les autres.

Johnny et Sylvie à Strasbourg, Place Kléber, en hiver 1964.

C'était déjà une grande vedette, et l'armée ouvrait volontiers ses portes pour des reportages sur Johnny.

Le week-end il fréquentait volontiers le dancing "Le Chalet" (1962 à 2010), de la banlieue de Strasbourg (Robertsau), qui deviendra plus tard une méga-discothèque.

La caserne d'Offenburg fut désaffectée en 1993. C'est aujourd'hui le **KIK** (*Kultur In der Kaserne*), un forum culturel où l'on peut assister à des concerts.

A cette époque, le Triomphe de Johnny était en Marche…

Dans le Code, la Sarl **Mamour**, l'Association **Club Johnny Hallyday** (n°10, rue de Caumartin), la Société **Offenburg** Invest (n°2, rue Lord Byron) et l'Arc de **Triomphe** sont alignés ! Sur cette ligne se trouvait "**rue Balzac**", le restaurant qu'il ouvrit avec Claude Bouillon, en 2001, au n°3, rue de Balzac. Ce restaurant a pris un "bouillon" en 2010 !

Johnny à Offenburg, avec la voiture de Sylvie Vartan

C'est à l'occasion de son service militaire, à 22 ans, que Johnny Hallyday fera connaissance avec ce père (Léon Smet) qu'il n'a jamais vu.

Un jour, celui-ci l'attend devant la caserne. Les deux hommes s'étreignent chaleureusement...

Soudain, plusieurs photographes arrivent dont on ne sait d'où et immortalisent la scène.

Déception pour Johnny, car il apprend que le père indigne avait tout simplement vendu à *Ici Paris* les photos de leurs retrouvailles, pour 5000 francs.

Plus tard, à l'occasion d'un spectacle à Paris, Léon reviendra le voir dans sa loge... pour lui réclamer de l'argent.

Anecdote historique et inédite*

Johnny Stark, imprésario de Johnny Hallyday à l'époque, a été voir Pierre Messmer, Ministre des Armées du Général de Gaulle. Il voulait que Johnny accomplisse son service militaire normalement, pour ses fans et sa carrière et que tout se passe dans les meilleures conditions.

Messmer, connaissait Jean Gabriel Revault d'Allonnes ; ils étaient tous les deux compagnons de la Libération.

A la demande de Pierre Messmer et du Général De Gaulle, Jean Gabriel Revault d'Allonnes venait de moderniser et de réécrire le règlement militaire en y incluant la clause de conscience.

Le Parlement n'a pas voulu voter en faveur de ce nouveau règlement. Alors Pierre Messmer a demandé à Jean Gabriel Revault d'Allonnes (bien qu'à 50 ans il fût trop vieux pour assumer cette responsabilité) de commander un régiment en Allemagne, pour y appliquer ce nouveau règlement et d'y accueillir Johnny Hallyday.

Ce régiment fut choisi parce que ce qu'il s'y passait, n'était pas conforme à l'esprit militaire traditionnel.

En arrivant à Offenburg, en Allemagne, il fit immédiatement démolir le mur d'enceinte afin que les soldats ne fassent plus le mur et passent par la porte. Les soldats bénéficiaient d'une cuisine moderne avec un self-service etc…

Bien sûr, avant d'incorporer ce régiment Johnny a dû d'abord passer trois semaines dans une auberge de la Forêt-Noire pour réapprendre à vivre sainement et de jour…

Les soldats de sa chambrée avaient été soigneusement choisis. Par contre ses galons ont été gagnés normalement, et tout s'est bien passé.

Après le succès du service de Johnny, le nouveau règlement fut enfin adopté.

Source : Dominique R.d'Allonnes, fille du Général Jean Gabriel Revault d'Allonnes (1914-1994)

En 1966, Johnny Hallyday a offert un poste de télévision à son ami le Colonel Jean-Gabriel Revault d'Allonnes, pour le remercier d'avoir pu se libérer de temps en temps pour donner quelques spectacles. Ce téléviseur fut revendu en mars 2018 dans une vente aux enchères.

Le Colonel Revault d'Allonnes remet la fourragère à Johnny

Quand Johnny aura rempli le plus long contrat de sa vie, celui qu'il a signé en mai 1964 avec le Ministre des Armées, il recommencera à chanter et à gagner en une soirée le double de ce qu'un professeur agrégé gagne en un mois…

Place de la Nation (1963)

Pour le premier anniversaire du magazine Salut les copains, le 22 juin 1963, la station de radio Europe 1 organisa un concert gratuit sur la Place de la Nation. Plusieurs jeunes artistes figurent sur la programmation, dont Johnny Hallyday et Sylvie Vartan, qui arrivèrent dans un car de police, tant la place est noire de monde !
En effet, ils seront plus de 200000 spectateurs à venir écouter cette nouvelle scène française préfigurant la musique future !

A l'occasion de ce concert entaché par les dégradations des fameux "blousons noirs" ; le mot "Yéyé" est né !

La ligne reliant la boutique "Chez les Yéyé" (n°42 rue du Faubourg Saint-Martin) à Johnny Agency (n°76, Avenue des Champs-Elysées) passe sur le Club Johnny Hallyday (10 rue de Caumartin)…

Véritable dieu de la guitare, **Jimi Hendrix** a joué 4 fois en première partie de Johnny notamment le 13 octobre 1966 à Évreux. A l'époque il était encore discret et peu connu.

C'est le couturier Yves Saint-Laurent qui dessina les tenues de scène de Johnny pour le **Palais des Sports** en septembre 1971. Probablement les plus belles qu'il a jamais portées. Avec des flammes brodées ou même incrustées de diamants

Pour Yves Saint-Laurent, Johnny incarnait un idéal de puissance érotique …

L'œil de l'Aigle qui regarde la Fondation Yves Saint-Laurent, crée une ligne qui passe sur l'Association Club J.Hallyday.

En 1980, Daniel Balavoine a écrit "Je ne suis pas un héros" en pensant aux frasques de Johnny. Au début, le titre passe alors totalement inaperçu.

Zénith (1984)

Le Zénith de Paris est une salle de concert de 6238 places, située dans le Parc de la Villette, inaugurée en janvier 1984.

Dès octobre, Johnny s'y produit pour la première fois. Il y chantera 78 fois (autant de fois d'ailleurs qu'il fera la couverture de Paris-Match.

La ligne reliant la Clef de la communication (Maison de Radio-France) au Zénith de Paris, passe sur la Tour Eiffel (sur laquelle fut inscrit "Merci Johnny" le lendemain de son décès), sur la Place de La Madeleine (ses funérailles), sur le Club J. Hallyday.

La ligne passe dans la Boucle de l'Ankh (Clef du Destin) puis sur la Sarl Lorient (n°7, rue de Tanger) évoquant le cimetière où il repose désormais.

Parc des Princes (1993)

Les 18, 19 et 20 juin 1993 marquent une date historique pour les fans de Johnny Hallyday. Le rockeur se produit au Parc des Princes (150000 spectateurs) pour le spectacle "Retiens la nuit" et invite de nombreux artistes à chanter avec lui. Il arrive par la pelouse, en fendant la foule.

Une reproduction du Golden Gate de San Francisco, trône sur la scène. Sylvie Vartan le traverse au volant d'une MG pour rejoindre Johnny et chante avec lui. Son show durera plus de trois heures.

Le 24 janvier **1997** : Au Palais de l'Elysée, Johnny Hallyday reçoit la médaille de Chevalier de la Légion d'Honneur des mains du Président Jacques Chirac.

La ligne reliant l'Impasse des Chevaliers (20ème arr.) à l'entrée de l'Elysée passe sur le l'Association Club Johnny Hallyday.

La Boîte à Coucou

Johnny est l'une des premières marionnettes qui fit son apparition lors de la création de l'émission satirique phare de Canal + : les Guignols de l'info, de 1990 à 2013. C'est l'imitateur Yves Lecoq qui prêtait sa voix au célèbre rockeur.

C'est le fantaisiste François Rollin qui imagina le concept de "Boîte à coucou", sorte de diable en boîte absurde qui s'ouvrait lorsque Johnny prononce la phrase "**ah que coucou !**".

Un œuf apparaissait en émettant un "coucou", provoquant systématiquement l'hilarité du rockeur version guignol…

Même si cette émission a ringardisé Johnny, elle l'a aussi rendu plus populaire… Dans Paris, le mot "Coucou" était représenté par le Théâtre du Coucou, une salle de théâtre située au 33 boulevard Saint-Martin, aujourd'hui Comédie Saint-Martin.

La ligne reliant ce théâtre à l'Arc de triomphe, passe sur le Club Johnny Hallyday (n°10, rue de Caumartin)…

Très troublant, ce clin d'œil du Code : au n° 14, rue Clauzel (première adresse de Johnny dans Paris) se trouve une boutique d'accessoires de mode au nom qui interpelle… **L'œuf** !
Les Guignols ont enregistré dès le lendemain de la mort de Johnny, un sketch d'adieu.

Il montre Johnny Hallyday en Amérique, rouler les cheveux au vent sur sa Harley, pendant que les autres marionnettes chantent en chœur une nouvelle version de *Quelque chose de Tennessee* rebaptisée *Quelque chose d'Ah que Johnny*.
La séquence se termine par la marionnette de Johnny tournant le dos à la caméra et se dirigeant vers la lumière de l'au-delà…
Remarque : il existe à Strasbourg, la Capitale de l'Europe, une "Boîte à Coucou" qui fonctionne parfaitement tous les jours à midi, et cela depuis plus de 70 ans. Elle se trouve dans la rue de la Nuée Bleue.
A midi, un magnifique coq automate situé au-dessus du Journal "Les Dernières Nouvelles d'Alsace", se met à chanter en battant des ailes. Quelques secondes après, de l'autre côté de la rue, une jolie petite poule blanche lui répond…
Alors sous nos yeux ébahis, grâce à un mécanisme, des œufs d'or sortent du nid, exactement comme l'œuf de la Boîte à Coucou. Eh oui, c'est une des fiertés de notre chère Alsace !
P.S : ce petit spectacle de chant se déroule à quelques mètres de la Place Broglie, l'endroit où fut chanté pour la première fois notre chant national : la Marseillaise, par Rouget de Lisle.

Johnny dans la boucle de l'Ankh

Dimanche 10 juillet 2016, 16 mois avant sa mort, Johnny Hallyday chantait pour la première et dernière fois de sa vie au sein de la Clef du Destin du Parisis Code, à l'Opéra Garnier (boucle de l'Ankh de Paris), devant 1900 personnes.

Il chantait en faveur de l'association **Vaincre le cancer**. Ignorait-il que cette maladie était en train de le détruire ?
Ce lieu historique a vu pour la première fois de son histoire, un public rester debout tout au long du spectacle.
Au début du spectacle, Johnny fit une révélation étonnante :
"J'ai de grands souvenirs ici, sachez que si je chante pour la première fois à l'Opéra à l'âge de 73 ans, j'y ai dansé quand j'avais 6 ans...

J'étais petit rat sur cette même scène de l'Opéra dans la troupe dirigée par Serge Lifar" !

Serge Lifar fut maître de ballet en ces lieux entre 1930 et 1958.

La tante de Johnny, Hélène Mar, surveillait étroitement son éducation.

De 1951 à 1957, elle lui imposa le violon et la danse classique qu'il pratiquait avec ses cousines.

C'est devenu le "twist" peu de temps après...

La famille… Sylvie Vartan, David Hallyday

En 1970, Johnny Hallyday et Sylvie Vartan emménagent dans un appartement parisien au n°16, Avenue du Président Wilson.

Ils y resteront avec leur fils David (4 ans) jusqu'à leur séparation en 1980 et le départ de Sylvie pour les USA.

En permanence, des fans attendaient le couple au pied de cet immeuble.

L'appartement est moderne avec un piano à queue blanc en plein milieu. Dans la salle de musique, un mannequin est vêtu d'un uniforme nazi authentique...

Le chanteur est en effet étrangement fasciné par tout ce qui touche au nazisme...

Ce mannequin représentait-il son père (mort le 8 novembre 1989), un collabo alcoolique, pro nazi et escroc qui avait travaillé pour Radio-Paris (placée sous l'autorité de "Propaganda Abteilung Frankreich), d'où les nazis véhiculaient leurs doctrines antisémites.

Beaucoup plus tard, on le sait, Johnny troquera son mannequin nazi pour un authentique mannequin : Laeticia Boudou...

Johnny a très peu profité de cet appartement de l'Avenue Wilson et il a vu rarement son fils... Par contre, ce dernier se souvient surtout du son de ses bottes sur le sol au petit matin et de ses toux à répétition qui résonnaient...

Un jour, en rentrant de tournée, Johnny réveille son fils pour qu'il vienne jouer de la batterie... devant Jimi Hendrix !

Dans le Code, l'œil de l'Aigle qui regarde cette adresse, crée une ligne qui passe sur le Club Johnny Hallyday (n°10 rue de Caumartin)...

Comme un clin d'œil, cette ligne passe sur la rue de Trévise où au n°34 se trouve une crêperie au nom qui interpelle : "Chez Vartan" !

Johnny Hallyday a eu 2 enfants légitimes, David et Laura Smet.

Pour trouver la société Monsieur **David Hallyday** (n°2, Place de la Porte d'Auteuil), il suffit de tracer un axe reliant la Sarl **Mamour** au centre de la Maison de Radio France (Clef de la Communication).

Sur cette ligne, vous aurez la surprise de découvrir l'adresse des Société **Vartan** Scotti **Sylvie** (n°2, Avenue de Boufflers) et "Sylvie Vartan pour la Bulgarie".

Amusant : juste devant le Square de la Trinité où Johnny et ses amis se réunissaient, au n°57, rue de Châteaudun, on trouve la société Madame **Laura David**...

Les Hallyday et le Vietnam

Johnny et Laeticia Hallyday (61 et 29 ans), mariés depuis 1996, ont adopté deux filles, Jade, (3 mois) en 2004, et Joy, 2008, toutes les deux nées au Vietnam dans la région d'Hanoï.

Ainsi, les deux filles portent les mêmes initiales JH, que leur père adoptif. Ces mêmes initiales qui figuraient sur la grande croix qu'il portait en permanence. Elles sont venues combler les désirs frustrés de parentalité du couple.

Laeticia étant stérile à cause d'un problème d'anorexie, avait subie plusieurs fausses couches pendant 8 ans.

Les jeunes vietnamiennes ont été adoptées auprès de l'Agence Internationale d'Adoption du Vietnam, au terme d'un processus juridique éprouvant pour le couple, qui a rencontré beaucoup d'obstacles sur son chemin, et soumis à des enquêtes sur le couple.

Il y eu toutefois en 2008 un petit coup de pouce de Bernadette Chirac auprès de l'Ambassadeur du Vietnam…

Les deux filles qui étaient recueillies dans un orphelinat d'Hanoï, sont élevées à Los Angeles.

Première constatation troublante : au n°7, rue Blanche juste au coin de la rue de la Tour des Dames (où vécu Johnny), on trouve un restaurant vietnamien : **Hanoï** Corner ! A l'angle de la rue, le restaurant Les Comédiens et la Sarl Les Artistes.

Un autre restaurant, le **Paris-Hanoï** se trouve au n°74, rue de Charonne. L'axe de ce resto avec la Sarl Mamour, amène sur la première adresse de Johnny, la rue Clauzel !

HANOI CORNER

A **Hanoï**, se trouve le Temple de la **Montagne de Jade**, Palais dédié au Dieu de la Littérature et au Génie de la Médecine…

Saïgon, baptisée Hô-Chi-Minh-Ville depuis 1975, est la plus grande ville du Vietnam devant **Hanoï**, la Capitale.

Le drapeau du Vietnam est une étoile jaune sur fond rouge Coïncidence ? Non : Parisis Code !

L'œil de l'Aigle qui regarde la rue de Saïgon, crée une ligne qui passe exactement sur l'Ambassade du Vietnam (n°61, rue de Miromesnil) et sur la Place de l'Etoile… qui devint jaune pour la première fois de l'Histoire et pour quelques heures seulement, le vendredi 11 décembre 2015, à l'occasion de la COP 21.

La ligne reliant la Sarl **Mamour** à la rue de **Saigon** (symbole de Vietnam), passe sur l'Association Club **Johnny Hallyday** et… **l'Arc de Triomphe !**

Le Grand Œil (Observatoire de Paris) qui regarde la Société Johnny-Saïgon (n°55, Boulevard Magenta) passe sur la Sarl Mamour. Johnny avait interprété en 1990, une chanson intitulée "Vietnam Vet" (composée par son ami Pierre Billon)…

L'île de Jade

Johnny et Laeticia ont baptisé "**Jade**" leur villa de Saint-Barthélémy, en l'honneur de leur première fille adoptive.
De ce fait, le Code, dans l'un de ses alignements, qualifie Saint-Barth d'"**Ile de Jade**", et en profite pour nous montrer qu'elle a un lien avec la mort de Johnny.

La ligne reliant la Sci "**L'île de Jade**" (n°59, rue de Provence) à l'entrée du Père Lachaise (Clef de la **Mort**, du Code), passe sur la Sarl **Mamour**.
De même, la Sci "**De la Jade**" (n°64, rue Edouard Nortier - Neuilly/Seine) alignée sur la sortie du Père Lachaise (rue du Repos), traverse la Sarl **Mamour**.

La Fée Clochette - Lorsque Johnny Hallyday a rencontré Laeticia Boudou, elle avait 19 ans, et lui… 51.

Très discrète au début de sa relation avec l'idole des jeunes, c'est bien en tant qu'épouse du célèbre rockeur qu'elle se fait connaître petit à petit des Français. On se moque de sa naïveté.

Les mauvaises langues en sont sures : avec sa petite voix et sa silhouette menue, celle qu'ils surnomment la «**Fée Clochette** » ne va pas faire long feu…

En fait, les médias s'apercevront que cette **Fée Clochette** est plutôt une sorte de Rambo déguisée en Barbie, le "roc" qui a permis à "**Mamour**", de lutter contre le cancer.

Curieusement dans le Code, les deux surnoms apparaissent !

L'œil de l'Aigle qui regarde la société "**La Fée Clochette**" (n°9, rue César Franck), crée une ligne qui passe exactement sur la Sarl **Mamour**.

Amusant : le 2 avril 2014 au cinéma, sortaient en même temps le film de Claude Lelouch, "Salaud, on t'aime" avec J. Hallyday, et une nouvelle aventure de la Fée Clochette, " Clochette et la Fée pirate". Cette dernière eu plus de succès que Johnny !

Johnny et l'argent

C'est en 2008 que Johnny ouvrit une boutique de prêt à porter **Smet Store**, au n°61, rue Bonaparte, avec son ami le styliste Christian Audigier (1958-2015), surnommé "l'Ami des Stars" (mort à 57 ans).

Le Grand Œil (Observatoire de Paris) qui regarde l'Ass. Club J. Hallyday, crée une ligne qui passe avec précision sur le Smet Store (aujourd'hui fermé).

Johnny Hallyday avait ouvert de 2004 à 2009, un **restaurant** appelé " **rue Balzac**" au n° 3, rue Balzac.

La ligne reliant cette adresse à la Sarl Mamour, passe sur le Club J.Hallyday (n°10, rue de Caumartin).

Johnny Hallyday était Sociétaire de la **Banque De Baecque Beau** (aujourd'hui sous le contrôle de HSBC), située au n°3, rue des Mathurins.

A noter que cette adresse se trouve exactement sur sa ligne de naissance (maternité, date de naissance etc…) preuve que tous les moindres détails de la vie de Johnny étaient prévus à l'avance pour lui, et soigneusement encryptés dans la ville de Paris.

Johnny ne s'occupait presque pas de son argent.

Quand il faisait une dépense conséquente, c'est son fondé de pouvoir, qui se chargeait de l'intendance.

La facture était vérifiée et envoyée à la Banque De Baecque Beau.

Quand il fréquentait Saint-Tropez, il arrivait au restaurant avec quatre potes le midi puis, tout au long de la journée, des gens venaient squatter, commandaient des bouteilles de champagne… Il pouvait y en avoir pour 15000 euros en fin de journée.

Le 12 février 1997, pour son année sabbatique, il acheta 6,4 millions d'euros un super yacht gigantesque et ultra-luxueux, le "Only You".

C'est avec "Only you" qu'il découvrit les Caraïbes et surtout sa "perle", l'île de Saint-Barthélémy où il devait faire construire sa Villa Jade et terminer son existence sur terre.

Ce "petit" bijou de 39 m de long imposait la présence permanente à l'année d'un capitaine, son second et d'un ingénieur pour les moteurs.

L'entretien s'élevait à près de 30000 euros mensuel pour un yacht qui ne servait quasiment jamais. Il l'a revendu en 1998.

Dans sa déclaration de revenus de 1971 et 1972, les comptables de la star ont oublié l'équivalent de 6 millions d'euros.

Le 1er avril 1977, en guise de poisson d'avril, il écopera de 10 mois de prison avec sursis et 20000 francs d'amende…

LA MORT DE JOHNNY

Johnny Hallyday est décédé le 5 décembre 2017 vers 22h10, dans la nuit de la Saint-Nicolas, à l'âge de 74 ans et demi.

La seule trace "physique" qui reste de lui, et où l'on peut encore lui rendre visite, se trouve au Musée Grévin, sous forme de sa statue, son double en cire, en quelque sorte sa "momie virtuelle".

Elle trône ici depuis le 1er janvier 1963, le jour même où le Franc remplaça le "Nouveau Franc".

Détail sordide : il tient la principale cause de sa mort entre ses doigts depuis presque 55 ans... une maudite Gauloise (sans filtre), responsable de son cancer du poumon.

Lors d'une interview, le chanteur Eddy Mitchell a révélé l'impressionnante et inquiétante consommation de tabac de "l'idole des jeunes" : trois paquets de Gitanes (sans filtre) par jour (60 cigarettes), mais il a fumé jusqu'à quatre paquets, soit une consommation journalière discontinue !

On peut affirmer que sa mort aussi tardive (74 ans) est un exploit dans de telles conditions !

Un cancer des poumons, donc, soigneusement entretenu jour après jour depuis 60 ans...

Le tabac est responsable de 85% des cancers du poumon chez l'homme et engendre d'autres cancers. On le sait, Johnny

Hallyday fut un très grand fumeur de cigarettes ; des Gitanes sans filtre dont il alla jusqu'à fumer 3 paquets par jour.

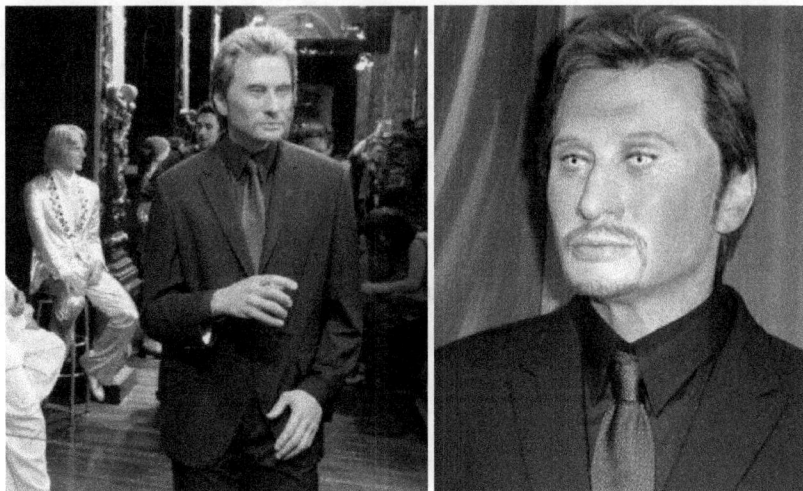

Le Code nous le montre à sa façon :
- La ligne reliant la Clef de la Communication (Radio-France) au Bar La Gitane (n°3, rue Lassus) passe sur la rue Jean Nicot (Tabac) et sur la Sarl Mamour.

Rappelons que Jean Nicot, Ambassadeur de France au Portugal au XVIe siècle, est considéré comme l'introducteur du tabac en France. A ce titre, il est le principal responsable de la mort de Johnny…

La ligne reliant le Bar La Gitane (n°3, rue Lassus) au Club J. Hallyday, passe sur le Musée Grévin, où Johnny figure en cire, une gitane à la main…

L'Œil de l'Aigle qui regarde la Sci Les poumons (n°41 avenue Montaigne), crée une ligne qui passe sur le Club J. Hallyday, le

Parvis de l'Eglise de La Madeleine (Funérailles) et sur la Savannah Company (n°4, Square Henry Paté), évoquant le nom de la maison dans laquelle il est décédé, à Marnes-la-Coquette.

Le 6 décembre 2017, le lendemain de la mort de Johnny, un disque vinyle "Comme si je devais mourir demain", fut mis en vente sur le site de vente en ligne "Le Bon Coin", à un million d'Euros par un Nantais...

La mort de Johnny semble avoir été prévue pour 2017, si l'on en croit le Code : la ligne reliant la Société "2017" (n°14, rue de Thionville) au restaurant "Chez Jojo" (n°258, Boulevard Voltaire), passe exactement sur l'église Notre-Dame de la Croix, et sur l'entrée du Père Lachaise, clef de la Mort du Code.

La ligne reliant la société "CDF 2017" (n°20, rue Guersant) à la station "Père Lachaise", passe sur la Sarl "Mamour".

C'est le Docteur **David Khayat**, cancérologue à la renommée internationale installé depuis 1988 (30 ans) au n°64, rue de Monceau, qui suivait l'évolution du cancer de Johnny et son traitement depuis 14 mois.

La ligne de 5,9 kilomètres reliant la Clef de la **Mort** (entrée du Père Lachaise) à son cabinet, passe miraculeusement sur la Sarl **Mamour**.

Cette ligne passe devant l'entrée du Musée Grévin (où se trouve son effigie de cire) et sur la rue de la Bienfaisance puisque c'est le Dr Khayat qui limitait ses souffrances.

Le Professeur Khayat est Chef du service d'oncologie médicale de l'Hôpital de la Pitié-Salpêtrière à Paris, il est également professeur de cancérologie à l'Université. Le cancer touche chaque année 350000 personnes. Au cours de leur vie, 1 homme sur 2 et 1 femme sur 3 seront concernés. Le nombre de cas double tous les 20 ans dans le monde…

Le trompe la Mort...

Accidents d'auto, cancer du côlon, tentatives de suicide... la mort rodait... Les cigarettes, l'alcool, la nuit, les voitures que dans sa jeunesse il conduisait à toute vitesse et les motos ... Johnny Hallyday, à 20 ans, déclarait qu'il voulait *"vivre vite et mourir jeune"* ! Johnny, déjà tout jeune, a échappé plusieurs fois de peu à la mort.

Une première fois en Belgique, à l'âge de 10 ans, sa tante venait d'acheter sa première voiture, une Cadillac.

Peu de temps après, la voiture quitte la route et se retourne. Saine et sauve toute la famille sort rapidement de la voiture, mais Johnny veut récupérer sa tortue restée à l'intérieur, il retourne vite dans la voiture, et la sauve in extrémis. Cinq secondes plus tard, la Cadillac explose !

Une autre fois, au printemps 1949, au Saint-Martin Hôtel de Londres, il entre dans la chambre du futur compagnon de sa tante, un américain nommé Lee Lemoine-Ketcham : aussitôt la chambre explose à cause d'une fuite de gaz d'un chauffe-eau. L'homme et lui s'en sortiront indemne.

C'est cet américain dont le pseudonyme était Lee Halliday, qui lui inspirera son nom de Johnny Hallyday (avec un "y")... Lee avait lui-même été inspiré par le nom d'un médecin de l'Oklahoma : John Halladay.

La mort, il lui est même aussi arrivé de la chercher...

Dans sa jeunesse Johnny jouait avec son destin en défiant la mort. Plusieurs fois lors de ses soirées entre amis, il a joué à la roulette russe. Il prenait un flingue, il mettait une balle dans le barillet et tirait.

Cela s'est notamment passé lors de sa tournée *"Johnny Circus"* en 1972, lorsqu'il partage la scène avec Nanette Workman, une jeune américaine au physique de rêve qu'il considère comme son alter égo.

Elle ne vivait que pour la musique, brûlait son existence et menait une vie aussi folle que lui... Une passion dévorante qui va l'entraîner dans les excès, la drogue et l'alcool.

Un soir, dans leur chambre sous l'influence de la drogue, comme dans Voyage au bout de l'enfer, Johnny et Nanette jouent à la roulette russe. C'est leur photographe qui mettra un terme à cette folie. " Je vivais réellement un enfer" a déclaré Johnny en évoquant cette période.

Nanette Workman et Johnny en 1972

En 1998, à 45 ans il déclarait que souvent il se réveillait la nuit terrorisé par l'idée de la mort. Un spectre qui a souvent accompagné son existence.

10 septembre 1966 - tentative de suicide. Son fils, David, est né depuis un mois et voici que Johnny apprend par son avocat que son épouse Sylvie Vartan, veut demander le divorce.

Pour comble, le chanteur croule sous les ennuis avec le fisc.

Ce jour-là, son secrétaire et son attaché de presse l'attendent pour l'emmener à un spectacle.

Il ne sort pas de la salle de bain ; il est étendu dans son sang : Johnny, 23 ans, a pris des barbituriques avant de se trancher les veines. On apprendra, plus tard, que c'est la 3ème fois qu'il tente de se suicider.

- 20/2/1970: son 4ème gros accident de voiture (Besançon).
- 24 juillet 2009, il déclare un Cancer du côlon.
- 7 décembre 2009, il est dans le coma !
- 26 novembre 2009, à Paris, il est opéré d'une hernie discale.

Quelques jours plus tard, contre l'avis de son médecin, il rentre à Los Angeles. Nouvelle hospitalisation.

Il est plongé dans un coma artificiel, afin de lui éviter les douleurs. A son réveil, il n'a plus de voix…

Mais vers la fin de sa vie, Johnny ne voulait plus mourir…

En janvier 2009, suite aux problèmes de santé de Johnny, le groupe "les Fatals Picards", représentant la France à l'Eurovision en 2007, ont imaginé et chanté "**Le jour de la mort de Johnny**". Une chanson polémique qu'ils n'ont jamais pu inclure dans leur album ni même chanter en public, car le texte ne plaisait pas à Johnny. La Warner l'a censurée à sa demande…

27 août 2012 - Sur l'île de Saint-Barthélemy, où il se trouvait en vacances, Johnny a eu un malaise cardiaque alors qu'il nageait.

Il est transféré à l'hôpital de Pointe-à-Pitre.

L'Œil de l'Aigle qui regarde le Chœur de La Madeleine, où fut dite la messe d'enterrement, crée une ligne qui traverse la rue et la Cité Paradis, le Restaurant Coquette (rue Meyerbeer) évoquant le nom de Marnes-la-Coquette où il est décédé.

La ligne passe bien entendu sur le Club Johnny Hallyday puis devant le Théâtre Edouard VII, où en 2011, Johnny tenait le rôle principal dans une Pièce de Tennessee Williams : "Le Paradis sur Terre"…

Le 2/8/2011 fut créée au n°14 rue de Thionville, la **Sarl 2017**, une société de Relations publiques et Com. Grâce à elle, la date de la mort de Johnny est apparue dans le Code, 4 mois à l'avance…

D'autre part, la Sci Anubis installée depuis 2005 au n°4 rue André Colledebœuf, évoque le Dieu de la Mort chez les égyptiens antiques.

Cette fonction dans le Code est confirmée par cet alignement :

La ligne reliant la Sci Anubis à l'entrée du Cimetière du Père Lachaise (Clef de la mort) passe sur l'entrée de la Maison de Radio-France (Clef communication).

La ligne reliant la Sarl 2017 à la Sci Anubis (n°4, rue André Colledebœuf) traverse le Passage Barthélémy (évoquant l'île de Saint-Barthélémy) puis la Société Lorient (n°26 rue Cadet) évoquant la commune où se trouve le cimetière où il repose.

La ligne traverse ensuite le Centre boucle de l'Ankh (Opéra de Paris) Clef du Destin du Code, évoquant un haut lieu de la Musique, puis le Chœur Madeleine (funérailles) et le Grand Palais (entrée dans le Royaume de Dieu ?).

Au Musée Rodin se trouve la **Porte de l'Enfer**…

La ligne reliant cette sinistre porte noire au Bar **Rock'n Roll Circus** (n°5, rue André Antoine), passe sur le Club J. **Hallyday**, et sur la rue de son enfance (Tour des Dames).

Le dernier soupir…

Johnny est mort à **74** ans dans sa villa La Savannah, rue **Maurice Chevalier** (à Marnes-la-Coquette).

Les dernières années de sa vie, il portait une grande croix chrétienne métallique montrant un personnage crucifié avec une guitare électrique.

Cette même croix fut portée par Laeticia le jour des funérailles.

Dans Paris, la ligne reliant le Passage des **Soupirs** au centre de la Grande **Croix** du Christ (croix monumentale créée par l'Avenue Foch et les Avenue Malakoff et Raymond Poincaré) passe sur les sociétés "**74** films" et **Johnny** Agency (n°76, Avenue des Champs-Elysées), puis sur le Club J. **Hallyday** sur la Place **Maurice Chevalier** et enfin l'Eglise Notre-Dame de la **Croix**.

Cet axe vers l'est, passe sur une société (au n°2, rue Dupont de l'Eure) qui porte le même nom que le Cancérologue de Johnny : **David Khayat**.

La ligne reliant le Club J. Hallyday à la Boutique Le Paradis Blanc (n°1 rue François Ponsard), passe sur le lieu des funérailles de Johnny : le Chœur de l'Eglise de La Madeleine.

"Mamour", on le sait, avait quelque chose en lui de "Tennessee"; il nous l'a assez répété !

L'Œil de l'Aigle qui regarde la Sarl Tennessee (n°354, rue Lecourbe), crée une ligne qui passe sur la Sarl Mamour.

En prime (c'est cadeau !), cette ligne passe sur la rue Berger !

La chanson "Quelque chose de Tennessee" fut composée par Michel Berger en 1985.

La ligne reliant la statue de cire de Johnny Hallyday (au Musée Grévin) à la Sci Jean-Philippe (n°43, rue Spontini), passe sur le Club J. Hallyday et sur l'église de La Madeleine où fut célébré un hommage populaire au chanteur.

Johnny a modifié sa Destinée...

Le Destin avait prévu dans le Code, que Johnny mourrait dans le 16ème arr. de Paris à la Clinique Bizet (n°21, rue Georges Bizet) où il fut admis le 13 novembre pour détresse respiratoire, 3 semaines avant sa mort. Johnny en décida autrement et se fit rapatrier le 19 novembre 2017 à la Savannah, sa maison de Marnes-la-Coquette, que son épouse fit équiper en urgence d'un lit médicalisé.

Un médecin et une infirmière le veillait en permanence. Il y décéda deux semaines plus tard…

Pourquoi peut-on affirmer qu'il devait normalement mourir à la Clinique Bizet ?

La ligne reliant cette clinique à la pointe de bec de l'Aigle (clef mettant le doigt sur un événement important), passe sur La Destinée (n°3, rue des Petites Ecuries), sur la statue en cire de Johnny au Musée Grévin, sur l'entrée de l'Opéra Garnier (clef du

Destin et symbole de musique) et enfin sur l'ACJH (Association Club Johnny Hallyday) et le Chœur de l'Eglise de la Madeleine.

La Savannah, la maison des Hallyday, à Marnes-la-Coquette depuis 2005 .
Ancienne demeure du banquier Maurice Schlumberg,

Cette église où se déroula ses obsèques est devenue tout naturellement un lieu de mémoire et de recueillement pour les fans de Johnny, frustrés de ne pas pouvoir aller se recueillir sur sa tombe, désormais à 7000 km de Paris.

Un portrait géant de l'artiste avait été exposé sur la façade le 9 décembre.

L'église de La Madeleine organisera chaque 9 du mois une messe en hommage à Johnny Hallyday.

"La Destinée" était un pressing créé en 2008... il a fermé ses portes en 2014.

Le Paradis de Johnny...

Pour Johnny, entre le Paradis Terrestre et le Paradis Céleste il ne s'est déroulé que 9 ans... Laeticia et Johnny sont tombés amoureux de l'île de Saint-Barthélémy, aux Antilles.

Ils ont alors décidé d'y faire construire une somptueuse Villa qu'ils ont baptisé "Jade" du nom de leur première fille adoptée.

La Villa fut terminée en 2008. Ce fut chaque été le refuge de vacances de la famille, où ils ont passé de doux moments avec leurs amis. Johnny aurait exprimé son désir d'y être inhumé...

Étonnamment à Paris, en mai 2008, soit l'année de création de la villa des Hallyday, fut créée la Sarl **Villa de Jade** (n°155, Boulevard Mac Donald), qui construisit aussitôt dans Paris un alignement surprenant.

En effet, la ligne reliant la Sarl **Mamour** à la Sarl **Villa de Jade**, passe sur le Passage Barthélémy !

Autre curiosité : relions les noms des villas de Johnny la Sarl The Paris **Savannah Company** (n° 4, Square Henri Paté) à la Sarl **Villa de Jade** (n°155, Boulevard Lac Donald).

Que constate-t-on ? On obtient une ligne de 9,6 kilomètres qui nous parle de Johnny.

Elle passe en effet sur la clinique où il est né, sur les deux rues de sa jeunesse, sur le Square de la Trinité, et la Tour Eiffel aux pieds de laquelle il a réuni le plus nombreux public de sa vie pour un spectacle gratuit. Cette Grande Dame diffusa le message "Merci Johnny".

La ligne reliant la Sarl **2017** à la Sarl Blue **Savanah** (3, rue de l'Arrivée), passe sur la Sarl **Mamour**.

Funérailles symboliques de l'idole... des jeunes.

Comme toute idole qui se respecte, Johnny Hallyday n'a pas eu de funérailles dans une église, mais dans un temple grandiose et prétentieux, sorte d'anachronisme dans le décor de Paris.

Toujours dans le symbole, sa dépouille mortelle fut acheminée par la rue Royale, après avoir descendu les Champs-Elysées (le lieu des Enfers grecs où les héros et les gens vertueux goûtent le repos après leur mort).

En effet, l'Eglise de La Madeleine est une fidèle copie d'un **temple grec** conçu en 1806 par Napoléon 1er, pour honorer sa Grande Armée. Elle fut transformée en église en 1845.

LA MADELEINE

Curieusement, le 21 juillet 2016 (jour de la **Saint-Victor**), c'est au Théâtre Antique de **Vienne** (**théâtre romain** datant du 1er siècle), que Johnny donna le dernier concert solo de son existence (tournée "Rester vivant").

L'élément principal de cette tournée était une immense tête de mort... Et ceci est gravé dans le Code !

En effet, la ligne reliant le milieu de la rue de **Vienne** au jardin des Arènes de Lutèce (également **théâtre romain** datant du 1er siècle), passe sur l'Association Club **Johnny Hallyday,** et sur la rue **Saint-Victor** (21 juillet).

Théâtre Antique de Vienne

Les Arènes de Lutèce sont un symbole de mort. On y donnait des combats de gladiateurs et de bêtes fauves, et probablement de chrétiens. Il contenait 15000 places, alors que Paris au premier siècle comptait 20000 habitants.

Brassards noirs au bras, 700 bikers venus de toute la France se sont rassemblés Porte Dauphine avant de s'élancer dans un cortège discipliné et imposant.

Ils ont descendu les Champs-Elysées en Harley-Davidson entre l'Arc de triomphe et l'église de la Madeleine pour rendre un ultime hommage à leur idole en accompagnant son cortège funéraire. A l'origine de cette idée, le président du HOG (Harley Owners Group France), un club rassemblant un million de motards dans le monde.

Johnny, grand passionné d'Harley Davidson, était un adepte des grosses cylindrées, une passion qu'il partageait avec ses fans…
Une moto qui incarnait la liberté et la passion de l'Amérique.
Une rutilante Harley Davidson Softail Springer 89 de couleur bleue rappelant le regard de la vedette disparue, fut installée deux heures avant la cérémonie, devant l'église de la Madeleine.
Cet engin qui a appartenu au rockeur pendant 28 ans a contribué à l'hommage populaire. Il l'avait reçue en cadeau pour ses 46 ans, en 1989.
Le bolide appartient depuis 2017 à JF Gobertier, un chef d'entreprise fortuné d'Annecy, qui possède également une Cadillac bleue de Johnny.

Cet hommage populaire a permis de redécouvrir que le chant possède le pouvoir d'unir dans l'élévation.
« La chanson, c'est la voix immense qui parle au nom du cœur humain » dit justement le chanteur québécois Gilles Vigneault.

Ce 9 décembre, Johnny Hallyday a réuni l'équivalent de 12 stades de France, pour un dernier rendez-vous où il ne chantera pas…

L'album posthume

L'album de Johnny intitulé "Mon Pays c'est l'Amour", est sorti le 19 octobre 2018, jour de la Sainte... Laura (ou Laure), qui concerne aussi celle de sa fille Laura, née en 1983.

Sainte Laure) fut torturée et tuée pour avoir refusé de se convertir à ... l'Islam.

Laura signifie laurier, symbole de la victoire, d'où l'origine du mot lauréat. Les poètes grecs portaient une couronne de laurier en l'hommage d'Apollon.

La couronne de laurier célèbre également les chefs de guerre victorieux, comme César ou Napoléon. Le laurier symbolise l'immortalité acquise par la victoire. Il sert donc à couronner les héros.

La photo qui a été choisie pour illustrer la couverture de l'album posthume de Johnny a été réalisée en 2012 à Los Angeles par le photographe Dimitri Coste. Elle est issue d'une séance photo pour l'album *L'Attente*.

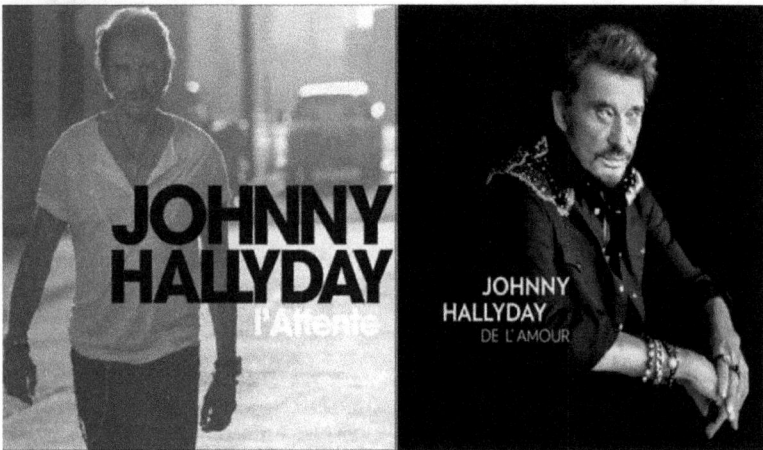

Coïncidence du calendrier, la Saint Dimitri est fêtée le 26 octobre, une semaine après la sortie du CD.

Sans que personne ne soit au courant de l'aspect définitif de la couverture du 51ème et dernier disque de Johnny, la photo qui servit pour la réaliser, figurait en bonne place à l'église de la Madeleine le jour des funérailles, pendant les discours de ses amis Jean Reno et Philippe Labro, preuve que le choix de cette photo pour l'album posthume était déjà fait.

Philippe Labro avait écrit dans les années soixantes les paroles de l'une des chansons polémiques de Johnny : "Jésus Christ"

Le cercueil, le cœur de roses blanches, l'œil de Dieu, le tabernacle, la croix et Marie-Madeleine dans un alignement parfait.

Curieusement, le gros cœur avec un cœur plus petit surmonté d'une flamme figurait discrètement dans un des tatouages du chanteur.

Tous les 9 du mois, en l'église de la Madeleine, les fans de Johnny sont invités à suivre une messe célébrée en son honneur.

C'est l'entreprise BS2I, basée à Honfleur (Calvados) et dirigée par Janette Cacioppo, qui a réalisé le portrait géant de Johnny Hallyday qui était installé sur la face de l'église de La Madeleine à Paris samedi 9 décembre 2017 à l'occasion de l'hommage populaire au chanteur disparu mercredi 6 décembre 2017.

La toile de 300 m2 avait été commandée à l'entreprise honfleuraise vendredi 8 décembre 2017, soit la veille, à 14h.

La toile a été imprimée et posée dans la nuit de vendredi à samedi sur la façade de La Madeleine à 4 heures.

La photo exposée est l'un des derniers clichés de l'artiste ; elle fut prise lors de la dernière tournée de Johnny "Les Vieilles Canailles".

Good bye…

Le Code de Paris savait pertinemment depuis 7 ans que pour Johnny Hallyday ("Mamour"), les **adieux** du peuple français se termineraient dans l'église de La Madeleine.

En effet, la ligne reliant la Sarl **Mamour** à la Sarl **Good bye** (n°5, rue de Vernet), passe sur le chœur de cette église.

On peut même préciser que le Code savait depuis le 22 décembre 2010, jour de la création de la Sarl Mamour (paramètre de Johnny Hallyday dans l'Impasse de la Planchette).

La Sarl Good bye, quant à elle, existait déjà depuis 2002…

A la Une du magazine Gala du 22 décembre 2010, on pouvait lire : "Laeticia, désormais, la patronne, c'est elle !". Le mag expliquait : "*Un an après la plongée du rockeur dans le coma, on assiste à une renaissance ; celle de son épouse.*

Depuis leur mariage en 1996, elle occupait le second rôle. Plus sûre d'elle-même, elle fait dorénavant entendre ses choix…".

Un an avant la création de la Sarl Mamour, en décembre 2009, il y eu une répétition générale du décès de Johnny.
La France avait retenu son souffle, suspendue à ses bulletins de santé.
On craignait déjà pour sa vie. Il venait de se faire opérer à Los Angeles, et était resté dans le coma…
Sorti du coma, il confiera **avoir approché en rêve une île où l'attendaient ses "chers disparus"**, dont le chanteur Carlos.
Cette île, c'était probablement Saint-Barthélémy !
Un an après, le Code finalisait son alignement prophétique en imposant subrepticement la Sarl Mamour…

A noter que tous les paramètres du Code de Paris se mettent en place de cette manière.

L'émotion suscitée par la disparition de l'idole des jeunes et des moins jeunes, et l'hommage populaire qui s'en suivit a fait oublier que le **9 décembre** était aussi la **Journée nationale de la laïcité**, date anniversaire de la loi de 1905 qui consacra la séparation de l'Etat et des Eglises.
Peu de medias ont consacré la place qui devrait revenir à cet événement qui n'est pas seulement un fait historique.
Il est amusant de constater que ce jour de la laïcité, certains fans arboraient une bannière inscrite "Johnny notre Dieu"!

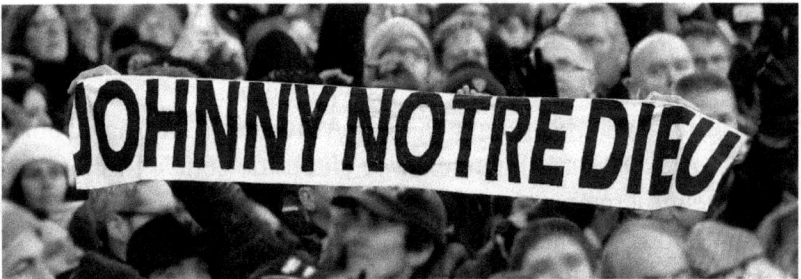

Le Code de Paris nous montre clairement qu'il y a un rapport entre Johnny et la laïcité.

Le bec de l'Aigle, qui permet de créer une ligne indiquant un point important, aligné sur la Place de la Laïcité, crée une ligne qui passe par la Sarl Mamour.

La station du rock

Le mercredi 6 décembre au matin, la RATP (compagnie du métro parisien) a mis en place une initiative peu commune pour rendre hommage à l'artiste décédé dans la nuit du 5.
Elle a renommé la station Duroc le temps de la journée.
La station de la ligne 10 et 13 est renommée "**Durock Johnny**".
Par ailleurs, des titres de l'artiste sont diffusés dans la station jusqu'à la fin de la journée.

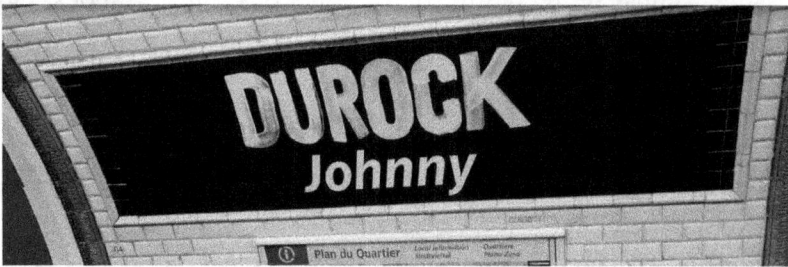

Le compte Twitter de la ligne 10 du métro a diffusé des images d'un tournage montrant le rockeur en plein tournage d'un clip sur son réseau en 1985.
L'Œil de l'Aigle qui regarde la rue Duroc, crée une ligne qui passe sur la Sarl Mamour.
La ligne reliant le Square de la Trinité à la station Duroc, passe sur l'Association Club J. **Hallyday.**

Le Grand Départ...

Pour Johnny Hallyday, l'année **2017** fut celle de son grand **Départ** vers la **Maison de Dieu** (il était croyant).
La ligne reliant la rue **Maison-Dieu** à l'Ass.Club J. **Hallyday** (n°10, rue de Caumartin) traverse la Société AOD **2017** (Place du 18 juin 1940) et la rue du **Départ**, devant la Gare Montparnasse !
Mais on peut aussi dire que cette année-là il était **arrivé** au bout de son chemin de Vie... mais le **10 décembre 2017**, ce fut aussi l'**arrivée** de sa dépouille mortelle sur l'île de Saint-Barth.

Ce soir-là, le cercueil fut exposé au funérarium de Saint-Jean à la vue des habitants de l'île venus habillés de blanc (signe de deuil aux Antilles).

La ligne de 8,9 km reliant la société **"10 décembre"** (n°173, Boulevard Lefebvre) à la Société **2017** (n°14, rue de Thionville), passe sur la Sarl **Mamour**, et sur la rue de l'**Arrivée**.

La ligne reliant l'Espace "Un bout de chemin" (n°33, rue Tandou) à l'entrée de l'Eglise de la Madeleine, passe sur l'Association Club J. **Hallyday.**

Saint "Rock"

Dès le surlendemain de la mort de Johnny, beaucoup de ses fans sont venus se recueillir dans l'une des plus grandes églises parisiennes, celle des artistes depuis un siècle : l'église Saint-Roch. Peint sur la voûte, l'archange Gabriel protège l'interprète de "Gabrielle".

Au pied de l'autel, des dizaines de bougies rallument le feu. Sur un pupitre, le portrait en noir et blanc du Johnny des années yé-yé, avec sa guitare.

Pour une fois dans cette église, les cantiques repris en chœur par les fidèles s'intitulent "Que je t'aime" ou "Marie".

Le père Luc Reydel, aumônier des artistes du spectacle, a salué "la simplicité et la vérité" de la bête de scène qui "a su toucher les cœurs à travers une vie donnée".

Merci Johnny

Le "monument du rock français" méritait bien un ultime hommage depuis le monument les plus emblématiques de la capitale française. C'est donc la Tour Eiffel qui a été choisie pour rendre hommage à Johnny Hallyday.

Pendant 2 jours, le message *"Merci Johnny"* fut projeté sur la Grande Dame de fer.

Ce même message fut également projeté sur la façade de l'AccorHotels Arena, la salle de spectacle où Johnny s'est le plus produit au fil de sa carrière.

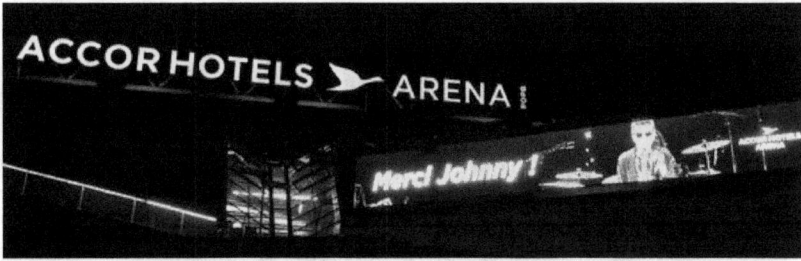

Le nom "Johnny Hallyday" fut inscrit en lettre rouge sur la façade de l'Olympia.

Dans Paris, la ligne reliant l'AccorHotels Arena à la Tour Eiffel, passe sur le Panthéon...

"Encore Merci" est un Label de musique parisien situé au n° 24, rue du Champ de l'Alouette.

Cette adresse génère l'alignement Clef de la Création - Tour Eiffel - Sarl "L'Evénement en question" (n°31, Avenue de Ségur) - Observatoire (Grand Œil) - "Encore Merci".

"Gabrielle, Laura, Marie, prudence", "Noir c'est noir", allumez vos feux", "Vivre pour le meilleur, alors levez le pied", "J'oublierai ton nom pas la ceinture"...

Voilà les messages insolites qu'a affichés la société d'autoroutes APRR (Autoroutes Paris-Rhin-Rhône), le lendemain de la mort de Johnny, sur ses panneaux lumineux (Doubs, Bourgogne, Côte d'Or et Loiret).

Le corbillard de Johnny

A Paris, le corbillard de Johnny était un véhicule de marque allemande. Il s'agit du Binz H2 réalisé sur la base d'une Mercedes-Benz Classe E. **M.** Binz est un préparateur allemand de véhicules à utilisations particulières (Ambulance, corbillards etc...). Pourquoi n'était-il pas immatriculé ?

La maison Jaboin (Pompes Funèbres) qui s'est occupée des obsèques du chanteur avait choisi un véhicule qui venait d'Allemagne et qui avait des plaques allemandes.

Symboliquement, il était hors de question qu'un véhicule avec des plaques allemandes descende les Champs-Elysées...

Les autorités ont donné l'autorisation de les enlever.

Lors de son enterrement à Saint-Barthélémy, Johnny a effectué son dernier voyage dans une voiture de collection, datant de 1979 : une limousine-corbillard Pilato sur base de Mercedes-Benz 240D de l'entreprise Anubis. (Anubis est le dieu de la mort des égyptiens antiques…).

C'est l'unique corbillard de l'île, et il est immatriculé en Guadeloupe (5479 ZY971°

Le corbillard "Pilato"

Le cercueil blanc d'Elvis Presley

Johnny et son "Américan Dream"

Les Américains l'appelaient l'Elvis français. Johnny Hallyday était lui-même inspiré par les États-Unis, la route 66 et le rock évidemment.

Il avait d'ailleurs commencé sa carrière par un petit mensonge : *"Hallyday, c'est mon vrai nom et mon père est américain"*.

En réalité, c'est le mari de sa cousine qui est américain.

Il lui fera découvrir la culture de son pays d'origine.

Ses premiers succès, le chanteur les doit à ses reprises du rock américain.

Johnny avait quelque chose en lui de Tennessee et de Memphis, la ville d'Elvis Presley, son idole.

Après y avoir enregistré un de ses premiers disques, il retourne aux USA en 1984 pour un autre album.

Depuis 1974, il partageait sa vie entre la France et Los Angeles, comme pour maîtriser un destin qu'il voulait à tout prix américain.

Comme beaucoup de fans de moto, Johnny rêvait de la Route 66… Il a enfin réalisé ce fantasme en 2006 en traversant en moto les U.S.A de New-Orleans à Los Angeles.

Il avait remonté une dernière fois cette route mythique de Chicago à Santa Monica, à cheval sur une Indian Springfield, pas plus tard qu'en septembre 2016, quatorze mois avant sa mort.

C'est à Los Angeles que Johnny Hallyday a réalisé son Américan Dream (rêve américain) en achetant en 2013 une vaste maison en bois blanc dans le quartier huppé de **Pacific Palissades**.

Le garage abrite une collection de belles cylindrées : Rolls Royce, Cadillac Eldorado mauve millésime 1953, Cobra Bleue et des Harley Davidson...

C'est dans cette maison que sa veuve Laeticia compte continuer à élever ses deux filles.

La ligne reliant le Club J. **Hallyday** à la Sarl **Los Angeles** (n°16, rue Charlemagne) passe exactement sur le restaurant "**American Dream**" (n°21, rue Daunou), le meilleur restaurant américain de Paris. La façade de ce restaurant est décorée par des statues d'Elvis Presley, d'un policier américain (motard !) et des Blues Brothers...

La ligne reliant le Club Johnny **Hallyday** au restaurant New **Pacific Palissades** (n°51, rue Quincampoix) passe également sur le restaurant "**American Dream**" (n°21, rue Daunou).

Impressionnant : la ligne reliant la Place des **Etats-Unis** au Restaurant **Route 66** (n°12, rue Arthur Groussier), passe sur le restaurant **American Dream**.

Comme si de l'Au-delà, Johnny envoyait un message pour prévenir qu'il ne serait pas enterré à Paris…

La ligne reliant la Tour Eiffel à la Sarl Mamour (représentant Johnny) passe sur le magasin de chaussures "**Adieu Paris**" (n°7, rue d'Aboukir).

La ligne reliant la Villa Faucheur (symbole de mort) à la Sci Saint-Barthélémy (n°24, Avenue Raphaël), passe sur la Sarl Mamour (Johnny).

L'Œil de l'Aigle qui regarde la Sci Saint-Barthélémy, crée une ligne de 8,8 km qui passe sur le restaurant Coquette (n°4, rue Meyerbeer), l'Opéra Garnier, le Club Johnny et le chœur de La Madeleine.

Le Paradis sur Terre…

La ligne reliant la Sarl Mamour à l'Arc de Triomphe passe sur Place de l'Opéra et sur le Club J. Hallyday.

L'Observatoire (le Grand Œil) qui regarde Club J. Hallyday, passe sur la Sarl Laeticia (n°122, rue d'Assas).

"Mamour" et sa Laeticia avaient trouvé leur Paradis sur terre à Saint-Barthélémy, comme le démontre ces deux alignements :

1) Le Passage Barthélémy, la Sarl Mamour et la Sarl Laeticia sont alignés.

2) L'Œil de l'Aigle qui regarde la rue Barthélémy, crée une ligne qui passe sur la Sarl Mamour (n°3, impasse de la Planchette).

En 2011, Johnny avait joué au théâtre Edouard VII, une Pièce de Tennessee Williams justement intitulée : Le Paradis sur terre…

La ligne reliant l'Ass.Club J.Hallyday à la Sci Paradis Terrestre (n°17, Boulevard Montmartre), passe sur la rue Edouard VII, qui mène à la place et au théâtre éponyme.

Petite parenthèse… la Sci Paradis Terrestre se trouve sur la ligne reliant la rue Dieu à l'Arc de Triomphe.

Cette ligne passe sur le centre de la boucle de l'Ankh (Opéra Garnier), Signe de Vie des Egyptiens antiques et accessoirement symbole du Parisis Code.

Des précisions spectaculaires…

Johnny Hallyday a été inhumé dans l'intimité le **11 décembre** à Saint-Barthélemy où il possédait une villa, au terme d'une quasi-semaine d'hommages ponctuée par une immense célébration populaire à Paris. L'entrée au cimetière du chanteur est clairement marquée dans le Code !

En effet, la ligne de 7 kilomètres joignant l'Association Club Johnny Hallyday à la Sci **11 décembre** (n°20, rue Voltaire, à Montreuil) passe exactement sur l'entrée du **cimetière** du Père Lachaise, symbole d'entrée dans le royaume des Morts.

Cette ligne passe devant le Bataclan…

Mais surtout cette ligne passe sur un ange monumental de plus de 12 mètres de hauteur, sculpté en 1859 sur la façade d'un immeuble haussmannien du n° 57, rue de Turbigo (quartier des Arts et Métiers) ! Il s'agit de la plus grande cariatide de Paris.

Autrement dit, c'est un immense honneur que le Code fait à Johnny.

La Sci du 11 décembre est une société de production de films créée en 2001, ce qui signifie que cette ligne a commencé à se construire 16 ans avant la mort de Johnny, et s'est finalisé en 2008 avec la création de l'Association Club Johnny Hallyday.

En clair, son entrée au cimetière était gravée dans le Code de Paris depuis 2008.

C'est le **10 décembre 2017**, en partance de l'aéroport du Bourget, (à 10h10) que le cercueil blanc de Johnny est arrivé par Boeing 757 sur l'île de Saint-Barthélémy.

Cette date est très précisément indiquée, en rapport avec lui.

La ligne de 8,9 kilomètres reliant la Sci **10 décembre** (n°173, Boulevard Lefebvre) à la Sci **2017**, passe comme par enchantement sur la Sarl **Mamour** !

Le cercueil en érable de Johnny Hallyday est blanc, comme celui de son idole Elvis Presley, c'est une boîte blanche (**white box**, en anglais), représentée dans le Code de Paris par la société **Whitebox**… domiciliée au n°86, rue du Faubourg Saint-Honoré, qui génère deux alignements spectaculaires.

C'est l'entreprise Menuiseries Ariégeoises, basée à Saint-Paul-de-Jarrat en Ariège, qui a fabriqué ce cercueil en érable.

A noter qu'Henri Salvador, en février 2008 avait sensiblement le même cercueil…

Henri et Johnny étaient voisins... au musée Grévin...

Sont alignés dans le Code, les paramètres suivant :

- La Villa **Faucheur** (la Mort !), la rue des **Couronnes**, la Sarl **Adieu** (n°1, rue d'Enghien), la Cour de la **Grâce de Dieu**, le centre de la Croix Ankh (Place de l'Opéra, l'Association Club **Johnny Hallyday**, la Sarl **Whitebox** France (boîte blanche), et l'entrée de **l'Elysée** (la société Whitebox se trouve juste en face de l'entrée du Palais de l'Elysée).

Pourquoi ? C'est l'Elysée (le Président Macron) qui fut prévenu en premier, le 6 décembre à 2h du matin par Laeticia, de la mort de Johnny, avant même la famille proche.

Macron rédigea une lettre de 500 mots en hommage à Johnny, faisant référence à 22 de ses chansons les plus connues.

Brigitte Macron aida à organiser l'hommage national du 9 décembre.

The "Whitebox"

- Enfin la deuxième ligne partant de la Sarl Mamour :

La ligne reliant la Sarl **Mamour** au centre de la Grande **Croix** du Christ (intersection Avenues Foch et Raymond Poincaré), passe sur le chœur de l'église de **La Madeleine** (où fut exposé le cercueil blanc lors des funérailles), sur la Sarl **Whitebox** France (boîte blanche), et sur l'entrée de l'Elysée.

Cette ligne a la particularité de passer sur la partie nord de la Place de la République, à l'endroit exact où le dimanche 10 janvier 2016, 11 mois avant sa mort, Johnny Hallyday tout de noir vêtu, ému jusqu'aux larmes et déjà cruellement marqué par sa maladie, a chanté la chanson "Un dimanche de janvier" (hommage aux victimes des attentats de 2015).

Les paroles de cette chanson ont été écrites par Jeanne Cherhal (dont la société se trouve au n°46, rue des Envierges).

La Clef de la Communication qui regarde cette adresse, crée une ligne qui passe à l'emplacement précis où Johnny chanta sa chanson…

L'œil de l'Aigle des Buttes-Chaumont qui regarde la Société "Un Dimanche à Paris" (n°4, Cour du Commerce Saint-André), crée une ligne qui passe sur les terrasses du restaurant Petit Cambodge (20, rue Alibert) et du bar Le Carillon (18, rue Alibert) qui furent le théâtre des massacres islamistes du vendredi 13 novembre 2015 (14 morts !).

La ligne traverse également le nord de la Place de la République où fut chantée "Un, dimanche de Janvier" qui évoque la célèbre "marche républicaine" (dimanche 11/1/2015) des 44 chefs d'État et représentants d'organisations internationales, bras dessus-bras dessous, menant un cortège de plus d'un million de personnes rassemblées place de la République, en hommage aux victimes des attentats contre Charlie Hebdo et de l'Hyper Cacher de la porte de Vincennes à Paris.

Pour garder en mémoire Nos héros d'encre et de papier
Nous étions restés debout jusqu'au soir Ce dimanche de janvier
Là, nous avions marché en silence Au milieu de la foule immense
Et le vent à notre place Chantait sans fin sur la place
Mais depuis dans nos villes
Et nos villages fatigués Ô dis-le moi que nous reste-t-il ?
Du dimanche de janvier Que reste-t-il ?

Le cancer

Le cancer, la maladie qui eut raison de Johnny Hallyday, figurait représenté symboliquement et en bonne place, si je puis dire, le 9 décembre, jour de ses funérailles, sur la Place de La Madeleine et à moins de 100 m de son cercueil.

Ce symbole, c'est le crabe, représenté au n°19 de la Place de la Madeleine, par le restaurant "Le Crabe Royal" !

A noter que ce restaurant se trouve précisément sur une ligne de 7,6 km très inquiétante, puisqu'elle relie la Sarl Trajectoire **666** (n°5, rue Descombes) à la Société "**La Bête**" (production de films), n°117, rue de Charenton, en passant sur la Sarl **Satan** (n°12, rue du Prévôt).

Rappelons que le nombre **666** est celui de la Bête de l'Apocalypse de Saint-Jean… Il est associé au diable.

Le mot cancer tire son origine du mot latin homonyme qui signifie crabe.

C'est Hippocrate qui, le premier, compare le cancer à un crabe par analogie à l'aspect des tumeurs du sein avec cet animal lorsqu'elles s'étendent à la peau. La tumeur est en effet centrée par une formation arrondie entourée de prolongements en rayons semblables aux pattes d'un crabe.

La ligne reliant la Société "**White Box**" (symbolisant le cercueil blanc de Johnny), n°86, rue du Faubourg Saint-Honoré, à la Sarl "**Adieu Paris**" (n°1, rue d'Enghien), passe sur le restaurant "Le **Crabe** Royal", la Place de la **Madeleine** et sur le Club J. **Hallyday** (10, rue Caumartin).

Johnny, l'artiste superlatif

- Il a chanté pour près de 30 millions de spectateurs
- Il a chanté sur 1750 scènes différentes
- Le seul artiste à avoir chanté 4 soirs au Parc des Princes (2003)
- Le premier à chanter devant la Tour Eiffel (2000, 2009)
- Record d'entrées à Bercy : 352253 spectateurs en 1990
- 79 fois à Bercy devant plus d'un million de spectateurs
- 1100 chansons enregistrées
- 110 millions de disques vendus
- 200 millions de supports musicaux vendus
- 750 auteurs et compositeurs ont écrit pour lui
- 50 disques d'Or
- 24 disques de Platine
- 8 doubles disques de Platine
- 3 triples disques de Platine
- 3 disques de Diamant
- 9 Victoires de la Musique
- 180 tournées
- disques diffusés dans près de 50 pays
- 30 décembre 1959 : 1ère radio
- 16 janvier 1960 : 1er contrat chez Vogue
- 14 mars 1960 : 1er disque 45 tours (vinyle)
- 18 avril 1960 : 1ère télévision
- 24 février 1961 : Johnny inaugure le Palais des Sport de Paris
- 23 juin 1974 : il réalise un de ses rêves : chanter dans une prison. Ce sera le pénitencier suisse de Bochuz (Vaud) !.
- Il a tourné dans 40 longs métrages
- Il a fait la une de plus de 2000 magazines et journaux
- 41 couvertures de Télé 7 jours
- 1995 : Chevalier des Arts et des Lettres
- 1997: Chevalier de la Légion d'Honneur des mains de Jacques Chirac, à l'Elysée.

- 2001 : Officier de l'Ordre de la Couronne (Belgique)
- 2003 : Prix Jean Gabin pour le film " L'homme du Train"
- 2002 : Elu Homme de l'année
- 21/07/2016 : Vienne (Théâtre Antique), dernier concert solo
- 05/07/2017 : dernier concert (Vieilles Canailles) à Carcassonne
- 05/12/2017 : décès
- 09/12/2017 : funérailles à la Madeleine
- 10/12/2017 : arrivée du cercueil à Saint-Barthélémy
- 11/12/2017 : enterrement au cimetière de Lorient
- 00/06/2018 : sortie du 51ème et dernier album de Johnny

(Source : Limited Access (Fan Clubofficiel de Johnny Hallyday)

La dernière séance…

Pour Johnny, même si son dernier concert solo date du 21 juillet 2016, c'est la tournée des Vieilles **Canailles** qui marqua la fin définitive de ses concerts ; ce fut réellement sa "**dernière séance**", le 5 juillet 2017 (Saint-Athanase) à Carcassonne, 5 mois jour pour jour avant son décès.

Le Code nous le confirme : la ligne reliant le bar " **La Dernière Séance**" (n°24, Avenue de la République) au Club J. **Hallyday**, passe sur le Café **Canaille** (n°50, Boulevard du Temple).

L'adieu à Paris

La dernière apparition publique de Johnny Hallyday s'est faite 97 jours avant sa mort, le 1er septembre 2017, jour de la Saint-Gilles, à l'occasion des obsèques de son amie la comédienne **Mireille Darc** (1938-2017), à l'Eglise Saint-Sulpice.

Le Grand Œil qui regarde l'Assoc. Club **Johnny .Hallyday** (n°10, rue de Caumartin), passe sur le parvis de cette église… le dernier endroit où il mit les pieds à Paris.

Les démons de dix heures… et le Père Fouettard !

Dans la nuit de la Saint-Nicolas, Johnny Hallyday a commencé à agonir vers 22 h…

Petit clin d'œil morbide : dans la tradition chrétienne européenne, cette nuit-là, Saint-Nicolas passe dans les maisons pour apporter aux enfants sages des friandises… mais parfois, comme cette funeste nuit du 5 décembre, il était accompagné du Père fouettard…

Incroyable mais vrai, ce message transparaît dans le Code !

En effet, la ligne de 4 kilomètres reliant la rue Saint-Nicolas (11ème arr.) à l'Assoc. Club **Johnny .Hallyday** (n°10, rue de Caumartin), passe sur le restaurant **Au Père Fouettard** (n°9, rue Pierre Lescot) !

Cette ligne passe sur la vieille Fontaine **Trogneux** (n°61, rue du Faubourg Saint-Antoine). Or, **Brigitte Trogneux** (épouse Macron) fut avec son mari Emmanuel, la première avertie du décès du chanteur.

La ligne passe aussi sur la Cour du Nom de **Jésus** ; vous savez, celui qui se trouvait sur la grande croix métallique que Johnny portait en permanence autour du cou, et qui avait une guitare électrique !

La ligne reliant la Sarl **Mamour** (Impasse de la planchette) à la Sarl **Les Démons de Dix Heures** (n°36, Boulevard de Clichy), passe sur la rue de **Paradis** (symbole de mort), sur la Villa Marie-Louise où est né Johnny et sur le Théâtre de **dix heures**…

Instant magique… Quelque part un aigle…

Le Code - et ce n'est pas un **hasard** - montre clairement comment il était prévu que Johnny Hallyday ait un lien avec l'île de **Saint-Bart**hélémy, aux **Antilles**… où il repose en **paix**.

Démonstration : la ligne reliant l'adresse d'enfance de Johnny (rue de la Tour des Dames) à la Sci **Saint-Bart** (n°34, rue de la Voute) passe sur le bar L'**Hasard** (n°43, rue Saint-Lazare) et sur la Sarl **Mamour**.

La ligne reliant l'Assoc. Club **Johnny .Hallyday** (n°10, rue de Caumartin), à la Sci Saint-Bart (n°34, rue de la Voute), passe sur le Café de la **Paix** et la Place des **Antilles**.

Lors de l'inhumation de Johnny, les proches ont été surpris par certains signes de la nature...

Tout a commencé le 10 décembre, jour où la dépouille du rockeur est arrivée sur l'île antillaise.

Le premier signe a été un arc-en-ciel éblouissant, qui a marqué les esprits.

Photographié par le producteur Jean-Claude Camus... un "aigle des Antilles" ou **Balbuzard** a survolé à deux reprises le cercueil de Johnny Hallyday durant la Cérémonie à Saint-Barthélémy le lundi 11 décembre 2017.

La deuxième fois, c'était au moment où un arc-en-ciel apparaissait.

Dans le Code, la ligne reliant **Camus** Production (n°6, rue Daubigny) à la Clef de la **Mort** (entrée du Père Lachaise), passe sur la Sarl **Jojo** Distribution (n°12, rue Blanche), le Bar "**Balbuzard**" (n°54, rue René Boulanger), et le bar " **La Dernière Séance**" (n°24, Avenue de la République).

L'aigle est un symbole important pour les rockeurs... Johnny avait fait tatouer une tête d'aigle sur son bras droit.
Quant à l'arc-en-ciel, il forme un lien entre la Terre et le Ciel, entre les hommes et Dieu, entre le matériel et le spirituel…

Tatouage de Johnny Hallyday et Balbuzard en vol...

Photographié par le producteur Jean-Claude Camus...

Métempsycose…

Il est naturel dans ces grands moments d'émotion de laisser son esprit vagabonder…

Il y a fort à parier qu'en voyant ce **Balbuzard** au-dessus du cimetière, Laeticia, Laura, David et leurs voisins ont toute suite eu l'impression que c'était en quelque sorte l'âme de Johnny qui venait faire un dernier adieu à ses proches…

"Quelque part un aigle" est le 29e album studio de Johnny Hallyday, sorti le 1er février 1982.

Dans le Code, autre coïncidence (si ce mot a encore un sens dans le code), on trouve la Sarl **L'Aigle Royal** (n°4, rue Dancourt) sur sa ligne de naissance, regroupant son lieu et sa date de naissance, sa rue d'enfance, le Club J.Hallyday et accessoirement, la discothèque "Le Milliardaire".

Je vois déjà le petit rictus moqueur chez certains… si j'affirmais que le Code identifiait bien cet oiseau à Johnny.

Pourtant dans le Parisis Code, si nous traçons une ligne joignant la Sci **Saint-Barthélémy** (n°24, Avenue Raphael) au Bar **"Balbuzard"** (n°54, rue René Boulanger), celle-ci traverse bel et bien la Sarl **Mamour** !

Et le Club Johnny Hallyday n'est-il pas sur la ligne reliant Bar **"Balbuzard"** au Parvis de l'Arc de Triomphe ?

Plus troublant encore, sachant que la Métempsycose est une renaissance, une migration des âmes après la mort vers un nouveau corps : la ligne reliant le Club Johnny Hallyday au Bar

"**Balbuzard**" passe très précisément sur le Théâtre de la ... **Renaissance** ! L'idée reste séduisante.

L'Association Club Johnny Hallyday se trouve aussi sur la ligne reliant la Villa de la **Renaissance** (19e arr.) à la rue de la **Renaissance** (8e arr.) sur laquelle nous trouvons la rue de Paradis (la ligne passe sur le "Manoir Hanté"), l'entrée de l'Opéra et le chœur de La Madeleine !

Le troisième signe a eu lieu à la fin de l'enterrement. Au cimetière, les proches du chanteur, la plupart vêtus de blanc, couleur de deuil aux Antilles, se sont recueillis et ont jeté des fleurs sur le cercueil lorsqu'un nouvel arc-en-ciel est apparu.

Remarque : l'œil de l'Aigle des Buttes-Chaumont qui regarde la rue de la **Renaissance** (8e arr.), crée une ligne de 10 kilomètres qui passe sur un bar… vous doutez-vous de son nom ?

Il s'agit du bar à la façade noire, "Le **Fantôme**" situé au n°36, rue de… **Paradis** !

Et la ligne joignant ce bar à l'entrée du **cimetière** du Père Lachaise (Clef de la Mort du Code) ?

LE FANTÔME

PARIS

Sur la rue **Dieu**, bien sûr, mais aussi sur la rue de **Paradis** et sur le théâtre "Le **Passage vers les Etoiles**", au n°17, Cité Joly…

Dans la tradition populaire, l'entrée du Paradis est contrôlée par Saint-Pierre, qui en possède les clefs. Cette entrée n'est pas directe. Il faut passer par le purgatoire…

La ligne reliant l'Impasse **Saint-Pierre** au bar Le **Fantôme**, passe sur le restaurant **Le Purgatoire** (n°13, Boulevard de Ménilmontant), la Sarl Héritage **Spirit** (n°38, rue Servan) et la rue Dieu.

Il existe à Paris un autre restaurant **Le Purgatoire** (n°54, rue de **Paradis**) qui, aligné sur l'Impasse **Saint-Pierre**, crée une ligne qui traverse le restaurant **Le Purgatoire** (n°13, Boulevard de Ménilmontant).

L'œil de l'Aigle qui regarde la Sci **La Clef Saint-Pierre** (n°31, rue François 1er), crée une ligne qui traverse le restaurant **Le Purgatoire** (n°54, rue de **Paradis**).

Franchement, pouvons-nous sérieusement suspecter un humain d'avoir créé ce genre d'alignements ? Et quel en serait le but ?

Lire à ce sujet mes livres "Et Dieu créa le Code" (Parisis Code tome 3), "Le Fabuleux Secret de Paris", ou encore "L'ultime Secret de Fatima" (à commander directement à mon adresse, ou sur Amazon ou Lulu.com.).

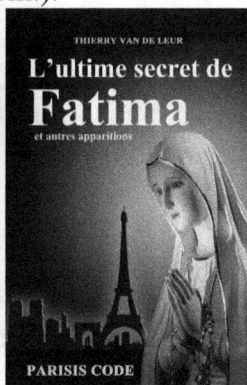

La ligne reliant le Bataclan au Mémorial aux Victimes du Terrorisme (Jardin de l'Intendant, aux Invalides) passe par la

Porte de l'Enfer de Rodin (Musée Rodin), et par le Boulevard des Filles du Calvaire.

Oui, les actes de terrorisme figurent dans le Code, et sont encodés avec une précision machiavélique.

Un livre leur est consacré : **" Je suis Codé"** par Th. Van de Leur (à commander sur Amazon ou Lulu.com.).

Dernière remarque, pour démontrer à quel point le Code est précis et contient des informations insoupçonnées.

Le Grand Œil (Observtoire de Paris) qui regarde la **rue Saint-Jean**, passe sur le Club Johnny Hallyday (10, rue Caumartin).

Pourquoi ? Quel lien avec Johnny ?

En fait, l'explication se trouve dans l'île de Saint-Barthélémy.

En effet, le 10 décembre 2017, la veille de son enterrement, la dépouille de Johnny fut exposée toute la nuit au funérarium de… **Saint-Jean**, une commune située proche de l'aéroport de l'île, où les habitants sont venus lui rendre un dernier hommage.

893 mois…

En tout, Johnny Hallyday aura vécu 74 ans, 5 mois et 20 jours, soit 27202 jours ou encore **893 mois**.

Le nombre **893** n'est présent dans Paris que grâce à la Société "Mutual'ir **893**" (n°49, Avenue Hoche), créée peu de temps avant la mort de Johnny, en octobre 2016.

Il est troublant de remarquer que le Club Johnny Hallyday (n°10, rue de Caumartin) se trouve tout juste sur la ligne reliant cette société à la Station "Père Lachaise" (évoquant la mort). Cet axe traverse entièrement le cimetière éponyme en transversal. Coïncidence ?

Un sacré clin d'œil !

Le samedi 27 janvier 2018, soit seulement 53 jours après le décès du chanteur, une collection d'objets (2000 pièces) liée à Johnny Hallyday était vendue aux enchères à Vernon (Eure), site du Halage, Avenue Ile-de-France.

Une première en France depuis son décès et une première réussie grâce à la présence d'environ 150 fans et acheteurs potentiels qui s'étaient déplacés pour acquérir un objet rappelant leur idole disparue.

Le clou de cette vente aux enchères (67e et dernier lot vendu), le bout restant d'une guitare cassée par Johnny Hallyday au Zénith le 22 décembre 1984 (vendu 500 euros).

Cette vente aux enchères a rapporté plus de 8 000 euros.

Une coquette somme qui devrait redonner le sourire à la collectionneuse en grande difficulté financière.

Etrangement, Lydie Brioult commissaire-priseur à Vernon avait reçu un appel pour vendre cette collection d'une fan de la première heure, juste la veille de la mort de Johnny Hallyday, alors que rien ne la laissait présager.

Mais alors où se trouve le fameux clin d'œil dans cette histoire, me direz-vous ?

Et bien il se trouve que le code postal de Vernon est **27200**… correspondant à quelques heures près au nombre de jours de vie de Johnny, soit 74 ans, 5 mois et 20 jours !

Vernon est à **74, 8** km de Paris. Johnny a vécu **74** ans et demi.

Que diable !

Vernon est aussi à **66,6** km de Marnes-la-Coquette où est mort Johnny.

Une autre vente aux enchères fut organisée à Dijon le 9 mars 2018, avec un objet inattendu : il s'agissait d'un téléviseur offert par Johnny à son ami, le colonel Jean-Gabriel Revault d'Allonnes.

Les deux hommes se sont effectivement côtoyés lorsque l'idole des jeunes a effectué son service militaire en Allemagne à Offenburg en 1964.

C'était en fait son Colonel, et Johnny était dans cette caserne à la volonté de ce dernier!

Le Jojo Burger...

Au cours de sa vie, Johnny (Mamour) a eu de nombreuses demeures (plusieurs à Paris, à Marnes-la-Coquette, Los Angeles, Saint-Barth et Gstaad).

Mais pour finir, c'est en décembre 2017 que Johnny a rejoint la commune de Lorient sur l'île de Saint-Barthélémy, sa nouvelle demeure... et la dernière qu'il a voulu sans extravagance, pour être traité "comme tout le monde".

La ligne joignant la Sarl **Nouvelle Demeure** (n°74, Boulevard Saint-Michel) à la Sarl **Lorient** (n°7, rue de Tanger), passe sur la Sarl **Mamour**.

La ligne joignant la Sarl **Nouvelle Demeure** à la rue **Barthélémy**, passe sur la Sarl **Mamour**.

Remarque : la Sarl **Nouvelle Demeure**, se trouve exactement sur la ligne joignant les entrées principales des deux plus grands cimetières parisiens (Père Lachaise et Montparnasse).

Cette ligne traverse aussi le plus prestigieux lieu d'inhumation de Paris : le Panthéon.

Johnny avait déclaré "Je rêve de finir mes jours ici dans ce sublime cimetière marin de Lorient".

Regarde bien, il y a tout pour kiffer : d'un côté la plage avec le spot de surf, la baraque en bois de Rip Curl, peinte en jaune et rouge, j'aurai une vue imprenable sur les vagues et les jolies filles.

De l'autre côté, il y a la route, comme ça je pourrai regarder les voitures passer et puis si j'ai un petit creux, j'irai me taper un bon burger en face chez Jojo Burger." (Source : Gilles Lhote "Johnny le Guerrier" (R.Laffont)

Johnny voulait savoir s'il était possible d'acheter une concession dans ce "cimetière de rêve" (comme il le qualifiait) et il entreprit les démarches administratives nécessaires.

En 2015, Johnny s'était confié sur cette envie de finir ses jours à Saint-Barthélemy : "Quand vraiment je ne pourrai plus chanter, j'irai dans ma maison de Saint-Barth, je prendrai ma guitare, et je regarderai la mer. C'est là que j'aimerai tranquillement finir ma vie."

Un peu d'histoire...

L'île de Saint-Barthélemy fut découverte par Christophe Colomb lors de son second voyage ; il lui donna le nom de son frère.

Sa rade devint Le Carénage où les bateaux virent y mouiller notamment les Pirates qui attaquèrent les bateaux de commerce, attirant la foudre des grandes puissances.

La ville fut détruite en 1744 par les anglais. En 1785, l'île de St Barth fut cédée à la Suède par la France en échange d'un droit de commerce.

La capitale Gustavia porte toujours ce nom, malgré la reprise de possession en 1878 de l'île par la France.

Cette ville est charmante avec de jolies rues. L'île est très bien aménagée avec de superbes villas même si les constructions ont triplé en 10 ans ! L'ambiance est tropézienne...

L'aérodrome possédant une petite piste, est très spectaculaire car les avions sont obligés de frôler une colline où se trouve un rond-point avant de piquer sur la piste.

A cet endroit, il est presque possible de toucher le ventre des avions qui atterrissent.

Cette même année, un journaliste demandait à Johnny comment ses amis l'appelaient dans la vie de tous les jours ? Réponse : **Jojo** ou mon pote. Les médias disaient aussi "notre **Jojo** national", en parlant de lui. Il y avait aussi "Le Boss" ou le "Taulier"…

A côté du cimetière de Lorient (île de St-Barthélémy), où Johnny repose désormais, on trouve le restaurant **Jojo** Burger, une véritable institution à Lorient, où Johnny aimait parfois venir déguster un Hamburger. C'est aussi là que les amis de Johnny se sont rassemblés après s'être recueillis devant la tombe (jour de l'enterrement). Drôle de coïncidence ; mais ce n'est pas la seule !

Le Jojo Burger est entré dans la légende de Johnny le jour de l'inhumation. C'est depuis ce snack sans prétention, voisin du cimetière de Lorient au lieu-dit Petite Saline, que l'on voit la tombe de Johnny...

Elle se trouve au fond de l'allée centrale, à droite, le long d'un petit ruisseau...et de la D 209.

Le patron **Georges Berry** (dit "Jojo") a créé ce restaurant en 2002, bien avant que notre Jojo national ne s'installe sur l'île.

Georges Berry est donc devenu à partir du 11 décembre 2017, un peu le gardien autoproclamé du tombeau de Johnny...

Son établissement est à présent le lieu incontournable pour ceux qui viennent se recueillir sur la tombe du "taulier".

La commune de Lorient a prit ce nom en référence à la ville bretonne éponyme, car il faut savoir que 80% de la population de l'île de Saint-Barth, soit 9000 habitants, est d'origine bretonne.

Le JoJo Burger vu du cimetière de Lorient (Ile de Saint-Barth)...

Une des entrées du petit cimetière marin.

Incroyable mais vrai, il existe à Paris, quartier de la Chaussée-d'Antin, où Johnny passa son enfance (9ᵉ arr.), et à 450 m de son adresse de l'époque, une Place **Georges Berry**, soit exactement le même nom que le patron du Jojo Burger, à Lorient !

La ligne reliant la Sarl **Lorient** (n°7, rue de Tanger) à la Sci **Saint-Barthélémy** (n°24, Avenue Raphael), passe sur la Place **Georges Berry**.

La ligne reliant la Clef de la **Mort** (entrée du Père Lachaise) à la Place **Georges-Berry**, passe sur la Sarl **Mamour** !

La ligne joignant le **Jojo** bar (n°168, rue Saint-Martin) à cette place, passe miraculeusement sur le restaurant **Coquette** (n°4, rue Meyerbeer), évoquant le lieu du décès.

Ce restaurant se trouve sur la boucle de l'Ankh…

Plus "flippant" : la ligne reliant la Place **Georges-Berry** à la Société "**Les Compagnons de la Tête de Mort**" (n°11, rue de Vitruve), passe sur la Sarl **Mamour** !

Rappelons que Johnny, en tant que rockeur, fut un grand amateur de têtes de mort !

L'apothéose de cet engouement se retrouva spectaculairement affichée lors de sa tournée "Rester Vivant", où une tête de mort monumentale de 500 kg était suspendue au-dessus de la scène.

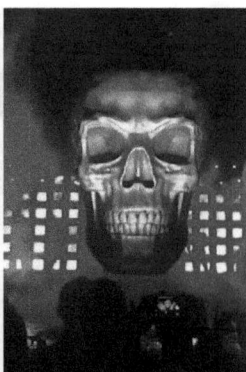

Oh Marie

C'est le biographe Bernard Violet qui a proposé à Johnny de choisir son épitaphe.

En premier, il a souhaité que son véritable nom civil Jean-Philippe Smet figure sur sa tombe et non Johnny Hallyday, comme pour raccrocher définitivement le costume de scène qu'il a porté jusqu'au bout pour son public.

En second, une simple phrase : "Souvenez-vous de moi comme un homme sincère...".

À deux pas de sa tombe, devant le cimetière, se trouve l'église catholique de Lorient, dont le clocher pointu (depuis 1995 classé monument historique, servait autrefois, à partir de 1850, de repère aux marins depuis le large… Sage précaution : le clocher a été construit à part afin qu'il ne tombe pas sur les personnes qui se réfugient dans l'église pendant les cyclones.

Peut-être servira-t-il désormais de repère pour trouver où repose le rocker…

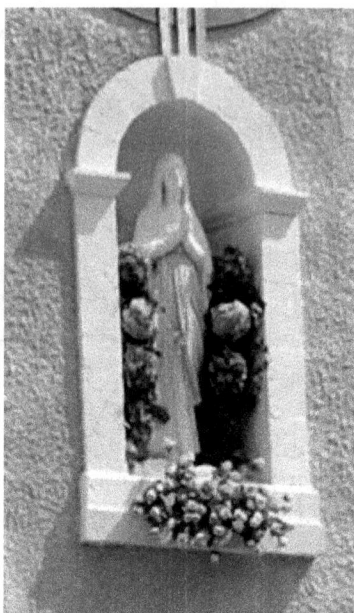

Lorient est aussi une ville de Bretagne, c'est pourquoi la cloche de l'église de Lorient a été fondue à Nantes, en Bretagne... Marie se trouve au-dessus de l'entrée de l'église.

La paroisse Notre-Dame-de-l'Assomption couvre l'ensemble de l'île de Saint-Barthélémy.

L'église principale se situe à Gustavia, et s'appelle Notre-Dame-de-l'Assomption. Sa cloche "Sofia Magdalena", en l'honneur de la reine de Suède Sophie-Madeleine de Danemark, fut coulée en 1799 à Stockholm. Son presbytère se trouve par contre à Lorient où repose Johnny, et non à Gustavia.

Etrangement, le cercueil de Johnny s'est retrouvé exposé au cœur de l'Eglise de la Madeleine le 9 décembre 2017, exactement sur la ligne reliant l'église N-D de l'Assomption des Buttes-Chaumont (n°80, rue de Meaux) à l'église N-D de l'Assomption de Passy (n°90, rue de l'Assomption).

C'est Monseigneur Benoîst de Sinety, vicaire général du diocèse de Paris, qui a prononcé l'homélie des obsèques de Johnny Hallyday à La Madeleine. La cérémonie s'est ouverte sur la mythique chanson *Oh Marie*, jouée à l'orgue.

Au lendemain de l'enterrement de Johnny, un fan du chanteur, lui en rendu hommage en musique en interprétant devant sa tombe "Oh Marie", ...

Le 15 août est la fête de l'Assomption ; elle célèbre la mort, la résurrection, l'entrée au ciel et le couronnement de la bienheureuse Vierge Marie.

Coïncidence : Le week-end du 15 août était synonyme de fête chez les Hallyday. Non pas pour l'Assomption de la Vierge, mais parce que le fils prodige, David Hallyday, soufflait ses bougies le 14 août…

Sortie en octobre 2002, la chanson "Oh Marie" (écrite par Gérald de Palmas) se vend à un million quatre-cent mille exemplaires, (sa plus grosse vente de single à ce jour).

Cette chanson "Marie" évoque le désir de retrouvailles dans l'au-delà de la mort et s'achève par ces mots : " Oh Marie j'attendrais Qu'au ciel tu viennes me retrouver".

Johnny pense qu'il va mourir le premier, avant sa " Marie", et il attendra qu'elle meure à son tour et vienne le retrouver.

Læticia ayant 32 ans de moins que lui, il se pourrait que celle-ci soit effectivement cette Marie.

Johnny désire l'innocence, le repos, la compassion : "Oh Marie si tu savais Tout le mal que l'on me fait…".

Là encore, "Marie" correspond bien à Læticia, personne compatissante ayant longtemps soigné son père.

Nous pouvons également deviner un lien entre cette chanson et son mariage avec Læticia, qui eut lieu un 25 mars, fête de l'Annonciation.

Gérald de Palmas, de son vrai nom Gérald Gardrinier avait sa société (et peut-être son domicile ?) au n°19 rue Octave Feuillet.

La ligne reliant cette adresse au Club Johnny Hallyday passe sur le chœur de la Madeleine (Funérailles) et touche l'église Cœur Immaculé de Marie (n° 51, rue de la Pompe)

En 1983, la chanson "Marie Marie", n'évoquait pas la mère de Jésus, mais une femme travaillant dans un hôtel (une prostituée, une femme fatale ?) ; il est payé pour la piéger "Oh ! Marie Marie, on m'a payé pour te piéger", mais elle aussi ! "Oh ! Marie Marie, qui t'as payé pour me piéger... Qui a payé ? Un réseau mafieux ? Un démon ? La chanson ne le dit pas…

4 m2 et des poussières...

En novembre 2017, Johnny avait acheté deux concessions (soit un terrain de 4 m2 !) dans le cimetière de Lorient, à Saint-Barthélemy.

"4 m2 " c'est aussi le titre qui figure sur l'album posthume de Johnny. *"4 m2 et des poussières, c'est la dimension de l'enfer..."*

Cette chanson évoque la cellule des prisons dont la dimension est en générale de ... *4 m2 et des poussières.*

Le tombeau de Johnny, c'est également *4 m2 et des poussières...*

Les deux concessions de Johnny Hallyday (2 x 2m2).

Un repos éternel face à l'océan, bercé par le bruit des vagues et du vent, sur l'île qu'il aimait tant arpenter avec sa femme et ses deux filles.

La mort ratée de Johnny

Le jeudi 1er mars 1962, la mort ratée de Johnny... un bonus du destin de 55 ans (20370 jours de vie en plus). 1/3/1962 New-York... 6/12/2017 Marne-la-Coquette.

Pendant sa jeunesse, lors d'un voyage à New-York, le jeune chanteur à succès est passé à côté d'une mort certaine. Il aurait pu passer à côté d'une carrière mythique.

En 1962, Johnny traverse l'Atlantique. Il n'avait que 19 ans, et se rendait pour la première fois en Amérique.

Après une visite de New-York, le jeune homme ne rêve que d'une chose : se rendre à Nashville, capitale du Tennessee, mais surtout berceau de la musique country et du rock'n'roll puisqu'Elvis Presley y a enregistré plusieurs albums.

Mais le chanteur ne pensait pas qu'être en retard lui aurait sauvé la vie. En effet, à cause de ça, il loupe son avion : il arrive au moment où la passerelle est enlevée et où l'avion Astrojet immatriculé N7506A, se met en route, à 10h08...

Cet avion aurait du théoriquement devenir le tombeau de Johnny...

Le vol 1 American Airlines est un vol intérieur de passagers reliant l'aéroport international de New-York à l'Aéroport international de Los Angeles.

Le personnel de l'aéroport lui explique donc qu'il est trop tard, que l'avion va décoller de Jamaïca Bay (New-York), et qu'il faudra donc prendre le prochain vol. Johnny n'a donc pas le choix, il attend le prochain.

Mais son attente est perturbée par une explosion, un bruit sourd venant de la piste. L'avion qu'il a raté vient de se crasher au décollage. Pas un seul survivant !

Le 1er mars 1962, le Boeing 707-123B (N7506A) assurant ce vol s'écrase peu après le décollage.

L'intégralité des 87 passagers et des huit membres d'équipage, périt.

Il est le sixième accident d'un Boeing 707, et le plus meurtrier.

Contrairement à la tradition qui veut qu'un accident d'avion entraîne automatiquement le retrait de son identifiant, le vol 1 d'American Airlines existe toujours.

Le crash de cet avion tua de nombreuses personnalités, comme un amiral de l'US Navy, une championne olympique et un multimillionnaire.

Heureusement, la star des Français ne faisait pas partie de cette triste liste. 12 jours après avoir frôlé la mort, Johnny était en concert à **Laval**...

L'ambiance était complètement "débridée". Dans la salle, environ 400 spectateurs, "en majorité des garçons", parmi lesquels certains étaient vêtus "de blousons noirs."

Sur scène, Johnny, 19 ans, survolté et fort de cette nouvelle vie se roulait par terre, et a chanté pendant deux heures.

Les fans cassèrent des sièges, et le concert s'acheva par une intervention des forces de l'ordre.

Si Johnny a été très tôt sensibilisé au risque de crash aérien, c'est vers la fin de sa vie que ce risque lui fera rédiger son ultime testament…

Le testament et l'héritage...

C'est le 11 juillet 2014, à Los Angeles, à la suite du crash du vol 17 de la Malaysia Airlines, qui fit 239 victimes le 8 mars 2014, que Johnny décida de modifier une nouvelle fois son testament. Il est rédigé en anglais. Mais en fait, il existe six testaments ! Etrangement, dans aucun il stipule l'endroit où il désirait être inhumé.

LAST WILL AND TESTAMENT OF

Jean-Philippe Smet

I expressly make no provision in this Will or in any of my other estate planning documents for my children David Smet and Laura Smet, to whom I have made distributions in the past.

Johnny qui prenait régulièrement l'avion avec sa famille pour rejoindre Saint-Barthélémy ou Los Angeles, avait enfin pris conscience des problèmes qu'entraînerait son décès, pour l'avenir de ses deux filles adoptives vietnamiennes.

Dans cet ultime testament, il privilégiait donc celles-ci.

Le Code le montre clairement :

- Sur une même ligne nous trouvons d'est en ouest :

Bar **Le Complot** (n°16, rue des Trois Bornes), la Sarl **Mamour**, la Sarl **L'Héritage** (n°12, rue des Jeuneurs), la Place de la **Bourse**, l'Association Club J.**Hallyday**, ADINAIR - la société du **père de Laeticia** (n°18, rue Godot de Mauroy), l'Arc de **Triomphe**, et la rue de... **Saïgon** (symbole du Vietnam) !

Que rajouter de plus ?

Cette histoire d'héritage a fait et fera couler beaucoup d'encre.

David et Laura se sont-ils fait pigeonner par Laeticia ?

Laeticia a été accusée de captation d'héritage, profitant de la faiblesse de Johnny… Charlie Hebdo la caricaturant sous les traits d'une mante religieuse… La mante religieuse est surtout connue pour sa réputation de dévoreuse de mâle après l'accouplement.

Sur le net, on peut lire sur certaines caricatures : "Bientôt Laura et David, ils n'auront plus rien à Smet ; il faudra bien qu'ils se fassent Hallyday…".

Ou encore Jean-Marie Le Pen faisant son testament : "je lègue toute ma fortune à Laeticia Hallyday"… (pour déshériter Marine…).

Johnny avez-vous intentionnellement déshérité vos enfants ?

Oh, vous savez, mon testament c'est un peu comme mes chansons. Je n'ai jamais rien écrit moi-même…

Pour l'interprétation, je suis plus là. Démerdez-vous !

Laeticia partagera-t-elle ? Ouais, j'la connaît cette chanson ; ça fait : Oooh Laura… y'a tant de choses que tu n'auras pas…

Tension autour de l'héritage de Johnny. Laura : "il a dit 100%". Laeticia : "non, il a dit sang pour sang !".

Il y a aussi Laura et David qui tiennent une banderole : #Ballancetabellemere…

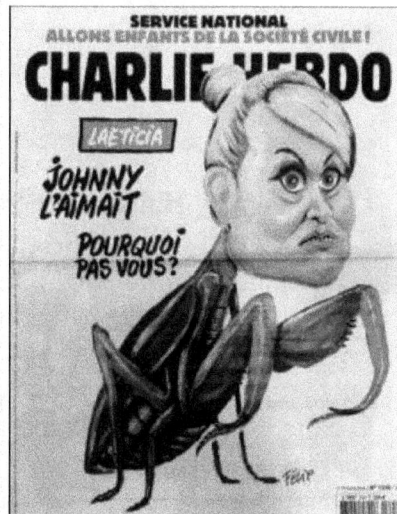

La rue Johnny Hallyday

Jusqu'en 2018, il n'existait en France qu'une seule rue Johnny Hallyday, en Isère, à Charvieu-Chavagneux, dont le maire en place depuis trente-cinq ans est un fan inconditionnel de Johnny. Vu du ciel, cette rue ressemble à un diapason…

La rue Johnny Hallyday se trouve dans le Parc du Petit Prince, à l'angle de la rue Charles-Aznavour.

Choix judicieux, puisque c'est Charles qui lui a composé une de ses premières et plus belles chansons : "Retiens la nuit".

Cet hommage émouvant pour les adeptes du chanteur, avait de quoi attiser la convoitise de personnes mal intentionnées.

C'est pourquoi, suite à la mort de Johnny, les plaques de sa rue se sont mises à disparaître.

Monsieur le maire eut alors l'idée de commander d'autres plaques et de les vendre pour éviter d'autres vols.

Onze jours plus tard, 600 commandes de panneaux "rue Johnny-Hallyday" à 95 euros pièce étaient enregistrées…

Le bénéfice étant reversé au centre communal d'action sociale. Aujourd'hui, à Charvieu-Chavagneux, les plaques ont été remplacées par trois rochers de plus de 600 kg sur lesquels est gravé le nom de Johnny…

La table de Johnny

Le mercredi 14 février 2018, jour de la Saint-Valentin, 71 jours après le décès de Johnny, à Sélestat, en Alsace au n°2, rue des Marchands, c'est ouvert un restaurant dédié exclusivement à la mémoire de la star.

Le restaurant, expose en vitrine une Harley Davidson flambant neuve et une copie d'un juke-box Wurlitzer signé "Johnny".

Drôle de façon pour Jean-Philippe de "Smet" à table !

Au mur et sur les sets de table, des photos de la star et des années "Yéyé", sans oublier Elvis, principale inspiration du rockeur. Deux écrans géants diffusent la musique et montrent en boucle le rockeur mythique.

Hasard du calendrier, c'est malheureusement le 14 février 2018 que commença la déplorable bataille entre Laura, David, et Laeticia Hallyday pour la succession de Johnny Hallyday…

Ce jour-là, le menu était très difficile à avaler et encore plus à digérer pour les héritiers !

Cette Saint-Valentin 2018, chez les Hallyday, l'Amour n'était pas vraiment de la fête…

Ce jour-là précisément certains internautes s'en sont pris à la veuve de Johnny Hallyday en modifiant sa fiche Wikipédia à de nombreuses reprises. Rien que ce 14 février, près que 40 modifications ont été faites. Sur le site de l'encyclopédie en ligne, il est très facile de modifier un bout de texte.

Mais des garde-fous existent : des passionnés veillent au grain et des "robots" corrigent automatiquement les modifications suspectes.

Ainsi a-t-on pu lire (avant suppression) sur Wikipedia que Laeticia Hallyday était "une femme vénale française", ou encore "la dernière épouse vénale", allusion directe à la bataille que se livre le clan Hallyday autour du testament du chanteur.

Fausse coïncidence : le patron de "La Table de Johnny", **Lucien Rees**, est né en 1943, la même année que son idole Johnny Hallyday, et seulement 16 jours après lui, le 1er juillet.

C'est justement le 1er juillet 2018 que le Palais Nikaïa, la plus grande salle de concert de Nice, inaugurée par Elton John en 2001, sera rebaptisée "Palais Nikaïa - Johnny Hallyday", à l'initiative du maire de Nice Christian Estrosi, un grand fan du chanteur. Nikaïa est le nom d'une nymphe grecque qui a donné le nom à Nicae (Nice).

Lors de sa tournée "Rester vivant", en 2015, l'idole des jeunes s'était produit dans cette salle de 9000 places.

Il se trouve aussi que Johnny a quelque chose de **Lucien**…

C'est en effet à l'église **Saint-Lucien** de Loconville que Johnny et Sylvie Vartan se sont mariés en 1965. Ce fut la seule fois où il se maria dans une église.

Son épouse **Germaine** Rees a elle aussi quelque chose, non pas de Tennessee, mais… de Johnny…

Eh oui, le rockeur est né le 15 juin, jour de la **Sainte Germaine** !

Pendant 25 ans, Germaine fut représentante exclusive du groupe "Disco Parade" qui diffusait les disques 45 tours dans tout l'Est de la France.

Bien entendu, cette fine mouche mettait en avant les titres de son idole Johnny Hallyday.

Ces fans de la première heure (et de la dernière…) ont même croisé le rockeur en 1964, dans la Brasserie Le Pénalty, au n°38, Quai des Bateliers, à Strasbourg, alors qu'il faisait son service militaire à Offenburg, une ville allemande située à 30 km de Strasbourg. Le n°38, Quai des Bateliers est aujourd'hui un local désaffecté…

Johnny, venait très souvent à Strasbourg. Il dînait au Penalty et se rendait au cinéma Ritz. A l'époque Lucien Rees était distributeur de Juke-Box. Il les installait dans les cafés et restaurants, une manière de diffuser la "bonne parole" de Johnny…

54 ans après s'être assis à la même table que Johnny Hallyday, Lucien et Germaine Rees ouvraient le restaurant "A la table de Johnny".

En 2013, Johnny a fait fabriquer un juke-box Wurlitzer "One More Time" en édition limitée (seulement 100 exemplaires) accompagné d'un certificat d'authenticité signé de sa main.

C'est cet exemplaire qui trône derrière la vitrine du restaurant.

La carte, principalement des plats d'inspiration américaine, reprend les titres des chansons du rockeur : de l'entrée au foie gras (Requiem pour un foie) au dessert au chocolat (le Noir c'est noir).

Il y a bien entendu le hamburger (baptisé "Gabrielle"), le pêché mignon de "Mamour". Bref, toute la cuisine que j'aime...

Des motards qui ont accompagné le cercueil de Johnny souhaitent y organiser leur réunion ; un sosie prévoit d'y faire un concert...

Avant La Table de Johnny, au n°2, rue des Marchands, se trouvait d'autres restaurants, notamment le "Café de Paris", évoquant la ville natale de Johnny et "l'Etoile Bleue" !

Le premier propriétaire connu de cette maison était un certain Gaspard Wimpf, tandis qu'en 1557, elle appartenait à un nommé "Rotenbourg", tondeur de draps, dont l'une des filles fut condamnée au bûcher pour sorcellerie en 1570.

Viviers

La mère de Johnny vivait à Viviers, en Ardèche depuis 1990.

Elle y fut enterrée en 2007. Il venait parfois la voir en hélicoptère, même si cette dernière ne s'était jamais vraiment occupée de lui... .

Ainsi, il a entretenu une relation particulière et secrète pendant 17 ans avec ce village, dont le Centre culturel porte le nom de Johnny Hallyday.

Une statue en résine de Johnny, haute de 2,70 mètres, réalisée dans l'atelier du sculpteur Georges Daniel, à Valence, fut inaugurée le 12 juin 2018, date anniversaire du chanteur (coût 13000 euros versés par les fans).

Dans le Code, l'œil de l'Aigle qui regarde la Sci du Vivier (42, Avenue Montaigne) crée une ligne qui passe sur le restaurant Coquette, le Club Johnny Hallyday et le chœur de La Madeleine.

La ligne reliant la Sci du Vivier (3, rue Monsieur) à la rue de la Tour des Dames passe sur le Club Johnny Hallyday et le Square de la Trinité.

La Cigale

Toute sa vie, Johnny Hallyday a tiré le diable par la queue, ou presque.

Certes, l'idole des jeunes gagnait plusieurs millions d'euros par an, mais il gérait sa fortune comme **la cigale** de la fable.

Grand flambeur, ill menait grand train, couvrant de somptueux cadeaux ses proches, mais aussi lui-même. Au total, il dépensait entre 2,5 et 5 millions d'euros par an.

Un jour il fut endetté à hauteur de… trente millions de francs !

En 1990, arrivé en avance au rendez-vous chez son médecin à Neuilly, il se promène dans la rue pour passer le temps, et achète… une Rolls-Royce décapotable, sur un simple coup de tête !

Une autre fois voyant un ami arriver chez lui dans une magnifique Ferrari Testa Rossa, il est soudain épris du désir irrépressible de posséder le même bolide.

Il l achètera chez un concessionnaire l'après-midi même !

La tournée *Jamais seul* lui a rapporté un dividende de 5,3 millions d'euros.

Les différents droits d'auteur, d'interprétation et d'édition rapportaient entre 1 et 2 millions d'euros chaque année.

En revanche, Johnny n'était en général ni l'auteur des paroles ni de la musique. Il ne percevait donc rien à ce titre.

En outre, il n'avait pas racheté à son producteur les droits de ses chansons (plus d'un millier), comme l'ont fait certains chanteurs.

A sa mort, le patrimoine laissé à sa veuve était de 100 millions d'euros, mais sa dette envers le fisc s'élevait à 9 millions d'euros.

Le Club Johnny Hallyday se trouve sur la ligne reliant la Discothèque Le Milliardaire (n°8, Boulevard de La Madeleine à… **La Cigale**, célèbre salle de Spectacle (n°120, Boulevard de Rochechouart) où ce dépensier notoire a chanté plusieurs fois.

"À la Cigale" est le 17ème album live de Johnny (récital donné en 1994). Il y rechantera du 12 au 17 décembre 2006.

Jusqu'à l'automne 1999, date où il déménagea pour vivre dans la maison de Marnes-la-Coquette où il devait expirer 18 ans plus tard, Johnny et son épouse résidait au n°7, Villa Monitor une voie privée du 16ème arr. Le Destin en avait décidé ainsi…

La ligne reliant cette adresse au Club Johnny Hallyday passe sur la Sarl Destin (n°4, rue du Général Camou)… redoutable clef du Code, maintes fois utilisée.

Le dernier album…

En novembre 2018, sort le **51ème** et dernier album (posthume) de Johnny Hallyday, intitulé "Je te promets". Il fut enregistré pendant l'été 2017 (**51ème** anniversaire de son fils David - 14 août 1966).

"Je te promets" est la chanson de Johnny Hallyday préférée des Français de 18 ans et plus, toutes générations confondues. Elle est sortie en 1986.

Anecdote : En 1995, dans sa Villa **Lorada** à Ramatuelle, trop timide, Johnny Hallyday avait chargé son ami le couturier Jean-Claude **Jitrois** de faire sa demande de mariage à sa place.

L'œil de l'Aigle qui regarde l'adresse de la boutique de Jean-Claude Jitrois (n°40, rue du Faubourg Saint-Honoré), crée une ligne qui passe exactement sur l'Association Club Johnny Hallyday.

La ligne reliant la boutique de Jean-Claude **Jitrois** (n°202, rue de Rivoli) à **Lorada** (n°45, rue Pouchet) passe aussi sur l'Association-Club Johnny **Hallyday**.

La ligne reliant la Sarl **Mamour** à la **Mairie** de Neuilly, où le couple s'est marié le 25 mars 1996 (jour de l'Annonciation, devant un certain Nicolas Sarkozy, futur Président de la République), passe sur la Sarl Bastide de **Ramatuelle** (n°75, rue de Courcelles).

Sur une seule ligne sont alignés : la rue de l'**Annonciation**, la Sarl Bastide de **Ramatuelle**, le n°17, rue Fortuny (maison d'enfance de Nicolas **Sarkozy**, et **Lorada** (n°45, rue Pouchet) !

Entre deux séances de chimiothérapie, Johnny Hallyday a pu enregistrer une dizaine de chansons pour son dernier album à l'Apogee Studio de Los Angeles, où il vit encore au printemps 2017.

Les enregistrements se poursuivront en France, 4 mois avant sa mort, au **Studio Guillaume Tell** (n°20, Avenue de la Belle Gabrielle, à Suresnes).

Jean-Claude Camus (1931 - 20..) fut le producteur historique des spectacles de Johnny Hallyday pendant 35 ans, de 1975 à 2010. Son bureau (**Camus Productions**) se trouve au n°6, rue Daubigny. La ligne reliant cette adresse à la Sarl Mamour traverse le Square de la Trinité…

Jean-Claude Camus a vendu en 2008 Camus Productions à la major américaine du disque **Warner Music** (n°118, rue du Mont-Cenis).

L'artiste français N°1, Johnny Hallyday, a quitté une autre "Major», **Universal Music**, (n°20 Rue des Fossés Saint-Jacques), au bout de 43 ans.

La ligne reliant Warner Music (n°118, rue du Mont-Cenis) au Club J. Hallyday traverse également le Square de la Trinité…

Il a vécu de près les dernières heures du chanteur qui fit sa dernière apparition publique lors du 79e anniversaire de Jean-Claude Camus, le 28 octobre 2017.

Johnny lui avait fait écouter plusieurs chansons de son 51ème album… qui devait malheureusement devenir posthume, réalisé par Maxime Nucci (dit Yodelice).

Clin d'œil du Code : la ligne reliant la rue **Guillaume Tell** à la Galerie **Belle Gabrielle** (n°3, rue de Norvins) passe sur Camus Production (n°6, rue Daubigny).

Etrange : La Société de Jean-Claude Camus (et de sa sœur) (Camus et Camus) se trouvait de 1983 à 2010 (les années Johnny) au n°41, rue d'Ybry, à Neuilly/Seine…

Pourquoi l'œil de l'Aigle qui regarde cette adresse, crée-t-il une ligne de 9 km qui passe exactement sur Camus Production (n°6, rue Daubigny) ?

Gainsbarre : tentative de meurtre contre "Johnny"

Le 23 juillet 2011, à Epinal dans les Vosges, un sosie de Johnny Hallyday (50 ans) a été poignardé par un sosie de Serge Gainsbourg (46 ans), très énervé après avoir été traité de " looser et de cas social". "Johnny" ne s'en sortira que par miracle.

Les deux sosies participaient souvent à des concours d'imitations, et une vieille rivalité existait entre eux.

De plus, le faux Johnny était employé pour entretenir les parties communes de l'immeuble du faux Gainsbarre…

Le sosie de Gainsbourg, dont le sang n'avait fait qu'un tour, et planté son couteau à quelques millimètres de la carotide du faux Jojo encourait jusqu'à 30 ans de réclusion criminelle.

Jugé en 2015, il ne fera en définitive que deux ans de prison…

Aucun des acteurs de cette farce tragi-comique ne ressemble vraiment aux célèbres chanteurs en question.

Ce ne sont que de simples imitateurs occasionnels qui s'affrontent lors de soirées Karaoké.

Etrange coïncidence : Pour le vrai Johnny Hallyday, cette semaine de juillet 2011, il s'est bien passé quelque chose qui ressemble à un coup de poignard virtuel dans le cœur….

Sa cousine Desta Halliday, dont il était très proche, puisque élevé avec elle, est morte à l'âge de 87 ans le 21 juillet 2011.

Desta était l'une des personnes qui comptait le plus pour Johnny.

Ils avaient fait ensemble leur début sur scène à l'âge de 13 ans.

Elle était pour lui, sa "sœur", son "amie", sa "conseillère".

C'est sur l'île de Saint-Barth que Johnny suivait les derniers moments de sa cousine Desta qui avait eu plusieurs alertes cardiaques.

Retiens la nuit, un spot prémonitoire

En 2002, lors une rencontre fortuite sur le rallye Paris-Dakar, le secrétaire général d'Optic 2000, grand amateur de sports mécaniques et de rock'n roll, parvient à convaincre Johnny Hallyday de devenir l'égérie du premier réseau d'opticiens sous enseigne en France.

Pendant neuf ans, Optic *2000* a utilisé la voix et le charisme de Johnny pour vanter ses lunettes.

En octobre 2010, soit 7 ans, 1 mois et 5 jours avant la mort de son mari Johnny Hallyday, Laeticia fut l'héroïne du nouveau film publicitaire (télévision et affiche) d'Optic 2000.

Ce spot publicitaire était intitulé *Retiens la nuit*.

L'ancien mannequin présente une nouvelle collection composée de montures en titane.

Réalisé par Vincent de Brus, le film publicitaire met en scène Laeticia dormant aux côtés de Johnny.

Réveillée par un rayon de soleil, la jeune femme se lève et se dirige vers la terrasse ensoleillée, puis lève la main vers le ciel et fait redescendre le soleil afin que la nuit revienne.

Le film publicitaire est accompagné par la musique de *Retiens la nuit*, interprété par Johnny Hallyday. C'est Charles Aznavour qui a signé les paroles de cette chanson.

Georges Garvarentz (son beau-frère) en a composé la musique sur un piano Steinway de 1912, monté sur un clavecin Louis XV, décoré par le peintre Antoine Watteau (1684-1721)…. Magique !

Etrangement, ce petit film publicitaire semble contenir un message, une double lecture prophétique en rapport avec la mort future du chanteur. Envisageons ce film sous une autre optique :

Tout d'abord, Johnny Hallyday n'est pas présenté de face ; il tourne le dos à la caméra.

Sa présence dans le lit n'est que suggérée. Il n'a pas participé directement à ce film, mais a assisté au tournage ! Il est remplacé par sa doublure…

Il est censé dormir, mais peut-être est-il déjà mort… D'ailleurs, le sol détrempé suggère qu'il vient d'y avoir un gros orage ou plus symboliquement, des larmes…

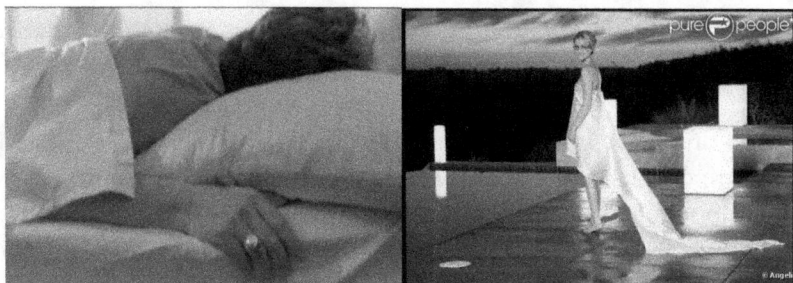

L'une des premières séquences montre en premier plan la main de Johnny Hallyday ornée d'une bague à tête de mort.

La chanson que l'on entend est *Retiens la nuit,* l'un des plus gros succès de Johnny, lors de ses débuts en 1962.

La fragilité du bonheur, le temps qui passe et que l'on ne peut retenir, l'instant fugace de l'amour...On a tous en tête cette chanson de Johnny ; douce mélodie de l'amour, mélancolie associée à la fuite du temps...

Ou une nouvelle vision de la mort ?

Son épouse Laeticia, enroulée dans un drap de satin blanc symbolisant un linceul, semble commander le soleil avec son doigt.

En fait, elle oblige le soleil à se recoucher (symbole de mort). Le soleil obéit et disparaît au pied d'un transat...vide !

Une façon de conjurer le temps qui passe inexorablement, une façon d'interrompre "sa course vagabonde".

Le temps personnifié dans cette expression ne semble-t-il pas une force irrésistible ?

L'impératif "Retiens la nuit" revient comme si l'amoureuse avait ce pouvoir de suspendre le temps, grâce à la force de son amour... l'amour qui transcende la vie, qui la rend plus belle comme le montre la phrase : "Avec toi, elle paraît si belle".

La scène se déroule dans un pays chaud puisque Laeticia est légèrement vêtue.

On peut faire le rapprochement avec l'île de Saint-Barthélémy où il fut rapatrié, puisqu'en décembre il fait une température comprise entre 24 et 29 degrés.

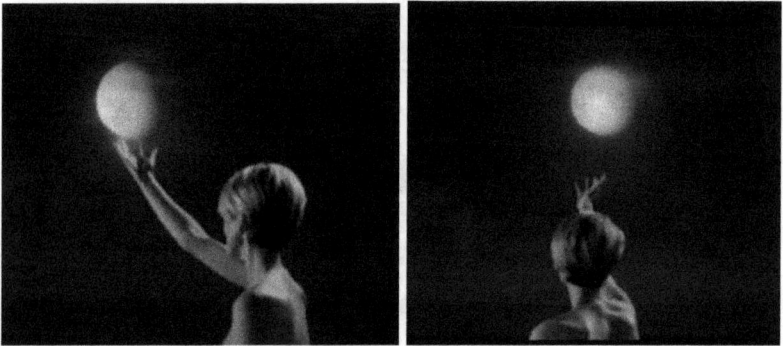

Puis résignée, de sa main elle accompagne la lune dans sa course ascendante… L'âme de son mari monte au ciel…

Remarque : Johnny Hallyday est mort dans la nuit du 5 au 6 décembre 2017 vers 22h10.

Ce jour-là, la lune se levait à 19h12mn et se couchait à 10h04. Elle était illuminée à 95%, exactement comme le montre le film publicitaire.

Pour assister au tournage de cette pub, en février 2010, Johnny Hallyday, resté dans l'ombre, portait un tee-shirt arborant un portrait de l'acteur américain James Dean mort à 24 ans, en Californie, le 30 septembre 1955 ; un symbole de la jeunesse des années 50. Johnny Hallyday est le symbole de la jeunesse des années 60 !

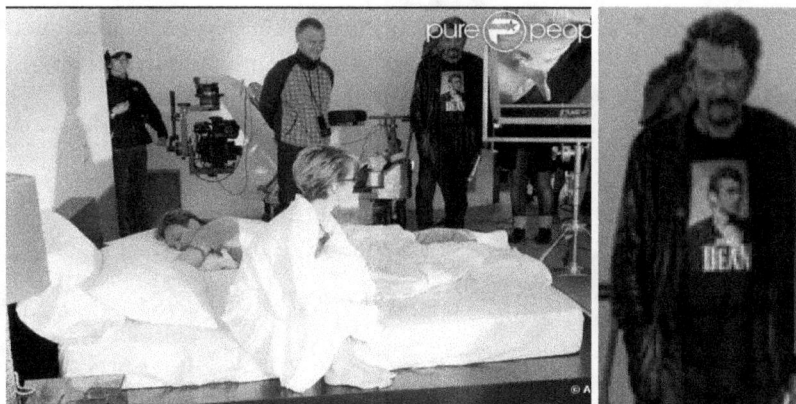

En fait, ce tee-shirt nous montre très clairement les 3 premières lettres du mot « **DEAD** » ; la mort, en anglais !

Dans cette pub d'Optic 2000, contrairement aux précédentes, Johnny n'est plus la vedette.

Il s'efface et laisse désormais sa place à sa future "veuve"... joyeuse ! En effet, pendant toute la durée de cette pub, Laeticia arbore un sourire… malsain !

Etrange curiosité liée à Optic **2000** : En l'an 2000, l'optique spatiale découvrait un objet céleste qui devait porter un nom comportant tous les chiffres du décès de Johnny…

En effet, le 7 mai 2000, LINEAR (Lincoln Near-Earth Asteroid Research) du Laboratoire Lincoln, à Socorro (Nouveau Mexique) découvrait l'astéroïde "2000 JV22", qui est l'astéroïde numéro 51217. Or, Johnny Hallyday est décédé le 5/12/17… "51217" !

La même année où fut tournée la pub "Retiens la nuit", le 31 octobre 2010, à l'occasion d'Halloween on a pu voir Johnny et Laeticia, aux USA, main dans la main, lui habillé en squelette et elle en matelot… Une métaphore de jeune veuve accompagnant son vieux mari vers sa dernière destination.

C'était probablement un clin d'œil à l'événement qui s'était déroulé 11 jours auparavant… En effet, le 19 octobre 2010, Johnny fut victime d'une rumeur de mort sur le réseau social Facebook où un petit malin a créé un groupe annonçant sa mort "d'une crise cardiaque"…

Le groupe avait réuni pas moins de 30000 fans en seulement quelques heures avant que le rockeur ne rétablisse la vérité.

Un mois après, il commença à Paris les répétitions de la pièce de théâtre "Le Paradis sur terre", de Tennessee Williams, dans laquelle il devait interpréter le rôle principal.

Mais l'année 2010 marquait tout de même le point de départ d'une lente dégradation de la santé de Johnny qui devait déboucher sur son décès 7 ans plus tard…

Johnny Hallyday aux USA, le 31 octobre 2010 à l'occasion d'Halloween

P.S : "Retiens la nuit" est la première chanson que j'ai entendue de Johnny, à l'âge de 11 ans ; c'était en 1962.

J'étais en voyage à Sion (en Suisse) avec mes grands-parents. Un an et demi avant sa mort en juillet 2016 (54 ans après), il était à Sion pour le Festival "Sion sous les étoiles"… devant 20000 fans.

Génération Jukebox

On peut dire que la carrière de Johnny Hallyday et de plusieurs de ses copains a débuté devant le **Jukebox Wurlitzer** du Golf Drouot.

Ce n'était pas le beau modèle de la marque que tout le monde connaît, mais un appareil des plus simples, sans stéréo, ni baffles, qui mesurait un mètre de haut et 20cm de large.

Ce Jukebox de 1952 qui fut sans cesse bousculé, passa inlassablement les vinyles du gratin du Rock and Roll. Cette "relique" fut donnée au Musée de Marseille (MUCEM).

Comme si le Code (et doit-on encore en douter ?), savait que ce Jukebox triomphale allait finir à Marseille, la ligne reliant la rue de Marseille à l'Arc de Triomphe, passe sur l'effigie de Johnny au Musée Grévin, et sur l'emplacement du Golf-Drouot !

La ligne reliant l'adresse d'enfance de Johnny (3, rue de la Tour des Dames) au magasin **Jukebox Classic** (n°38, Avenue Augustin Dumont à Malakoff), passe sur l'Olympia et le Square de la Trinité.

Ce magasin aligné sur un autre point du Square de la Trinité, passe sur l'Ass. Club J.Hallyday.

Il existait au n°130, Avenue Jean Jaurès, une Société **"Généra-tion Jukebox"** qui ne dura qu'un an (2005), mais qui généra une ligne très symbolique.

Cette ligne reliant cette société à la Clef de la **Création** (extrémité du bassin de Varsovie) passe sur l'entrée du Palais de la **Découverte** (Clef de la Découverte), sur l'église de **La Madeleine** (funérailles de Johnny), sur l'Ass. Club **J.Hallyday**, sur l'**Opéra** (où Johnny donna son unique Concert "Lutter contre le cancer), sur l'entrée nord de la rue **Drouot** (où se trouvait le Golf Drouot), et sur la rue des **Deux Sœurs** (Johnny fut élevé avec les deux sœurs Menen et Desta, filles de sa tante Hélène Mar).

Plus de 6000 groupes amateurs ont défilé devant le Jukebox du Golf Drouot entre 1955 et le jour de sa fermeture en 1981.

Henri Leproux, le fondateur du Golf mourut en 2014 à l'âge de 86 ans. Une plaque est apposée en son honneur à l'ancienne adresse du "Temple du Rock".

Henri Leproux, qui devint en quelque sorte le père spirituel du rock français, était à l'origine simple barman au Golf Drouot ; il avait eu l'idée géniale d'installer un simple Jukebox (qu'il avait loué), et qui finira par mettre le feu à l'endroit. C'est ce qu'on appelle "l'Effet Papillon".

C'est Henri qui invitait les groupes qui lui plaisaient le plus, et anima le lieu de 1965 à 1970.

De grands noms du rock britannique comme The Who et David Bowie se produisirent aussi sur la scène du Golf.

La rencontre post-mortem

C'est le vendredi 16 mars 2018, soit 101 jours exactement après sa mort, que Johnny Hallyday a réapparut pour la première fois, virtuellement au Grand Rex, à Paris devant 2700 personnes.

En effet, Sylvie Vartan, son ex-épouse qui était en concert au Grand-Rex (n°1, Boulevard Poissonnière) a chanté en duo "J'ai un problème" avec Johnny qui était présent virtuellement grâce à la technique 3D laser.

La ligne reliant l'entrée du Musée Grévin (où se trouve la statue en cire de Johnny) à la Clef de la Mort (entrée du Père Lachaise), passe sur le Grand Rex et sur la Sarl Mamour.

La Croix mystérieuse

L'identité du joaillier créateur de la grande croix du Christ à la guitare électrique sertie de diamants que Johnny portait autour du cou, n'avait encore jamais été révélée publiquement, probablement à la demande de Johnny, désirant que cette création reste unique au monde…

Malgré tout, aujourd'hui quelques bijoutiers tentent de l'imiter avec plus ou moins de bonheur.

La croix à la guitare électrique est apparue en mars 2011 sur les affiches et différentes publicités à l'occasion du lancement de la tournée "Jamais seul" incluant le grand concert au Stade de France des 15 et 16 juin 2012.

La croix fut représentée tout d'abord, sous forme de tatouage éphémère, visible sur la poitrine du chanteur, et mis en valeur sur les affiches où son nom d'ailleurs n'apparaît pas.

Seules ses initiales J.H figureront sur le C.D et le DVD.

Elles seront un peu plus tard inscrites sur la croix métallique à la place de l'inscription INRI de la croix du Christ.

Le fameux monogramme « *JHS* », celui de Jésus fondateur de la religion chrétienne, a longtemps été employé par les Chrétiens pour se reconnaître entre-eux depuis les origines du Christianisme : **I** ou **J, H** (Héta majuscule grec) et **S** sont les premières lettres de « Jésus » en grec.

Sur l'affiche, même la guitare commence à se dématérialiser ; elle est en partie transparente.

On est ouvertement dans une démarche christique… Johnny se met à la place du Christ sur la croix.

En ne se nommant pas, il se compare à celui dont on ne doit prononcer le nom : Dieu.

Associé à la croix sur la poitrine, ce monogramme *JH,* pastiche de *JHS,* ne présente-t-il pas Johnny Hallyday comme le prophète d'une nouvelle secte ?

Il est frappant de voir cet alignement en rapport avec sa tournée "Jamais Seul" qui sous-entend "parce que bien accompagné du Christ ".

Une démarche qui se confirmera par le port permanent de la croix métallique à partir de 2012 jusqu'à sa mort.

En effet la ligne reliant la Société " **Jamais seul**, bien accompagné" (n°46, Boulevard Ney) au chœur de Notre-Dame de Paris (la Clef du **Christianisme** du Code), passe sur la Sarl **Mamour** !

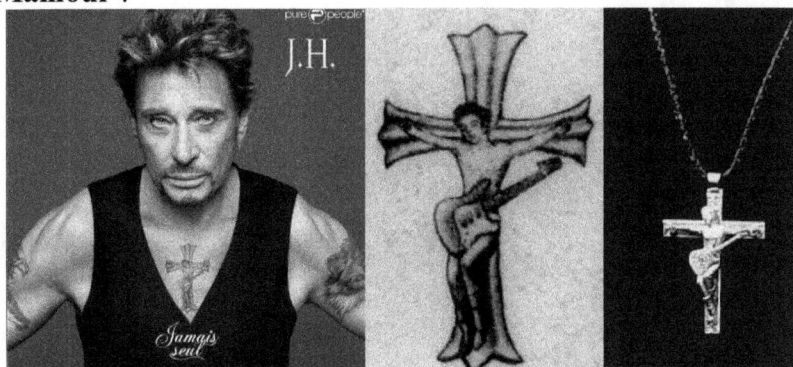

Johnny Hallyday est apparu officiellement pour la première fois avec la croix métallique autour du cou à la conférence de presse de sa tournée "**Jamais seul**", à la Tour Eiffel, le samedi 3 décembre 2011, six ans et 2 jours avant sa mort (H-2193 jours)…

la nuit où le mot "Merci Johnny" sera affiché sur la Tour parisienne.

A l'occasion de sa tournée "Jamais seul", Johnny Hallyday avait demandé la réalisation de cette croix en or gris au joaillier américain **Harry Winston** (n°29, Avenue Montaigne), fournisseur officiel de diamants de Marilyn Monroe et Liz Taylor. Harry Winston fondateur de la marque était surnommé The King of Diamonds, "le Roi des Diamants".

Johnny voulait que soit représenté sur le crucifix Jimi Hendrix (décédé en 1970) et sa légendaire guitare électrique.

Les deux futures légendes du Rock s'étaient rencontrées le 14 octobre 1966 au Grand Café Foy (n°1, Place Stanislas) à Nancy, ville où Johnny se produisait en tête d'affiche.

Jimi Hendrix était né Johnny Allen Hendrix le 27 novembre 1942 à Seattle (U.S.A)...

En 2011, sur l'album de Johnny *Jamais Seul*, le morceau, *Guitar Hero*, est sous-titré *"A mon ami Jimi Hendrix"*.

Jimi Hendrix avait assuré les premières parties de Johnny en France vers 1966-1967. Johnny avait repris *Hey Joe*, un des tubes d'Hendrix, en français.

Mais concernant cette croix, comment réfuter un quelconque lien avec la foi ou la religion avec un tel objet ? Comment penser qu'il n'y aurait pas polémique ?

Un autre problème intervient dans le visuel du crucifix.

Si c'est Jimi Hendrix qui est réellement représenté sur la croix, pourquoi tient-il sa guitare ainsi alors qu'il était gaucher, contrairement à Johnny ?

Un autre élément manquant important : son imposante coiffure afro.

Mais concernant cette mystérieuse croix, il m'est venu une autre réflexion. Reste à savoir si le créateur de la croix de Johnny a fait lui-même ce cheminement intellectuel.

"Les miroirs" - écrit Jean Cocteau - sont ces portes par lesquelles entre la mort. Regardez-vous toute votre vie dans un miroir et vous verrez la mort travailler sur vous".

Effectivement, si nous suivons ce concept et que nous regardons le crucifix de Johnny dans un miroir, alors le guitariste représenté peut être Jimi Hendrix.

Jimi HENDRIX

Effet miroir

On remarquera en passant qu'avec l'effet miroir les initiales "JH" deviennent " HL" comme Hallyday Laeticia.

Par contre, le crucifix ressemble bien à cette photo de Johnny Hallyday (prise par Jean-Marie Périer), qui pose tel Jésus en avril 1970. Même la coiffure correspond !

Sa chanson " Jésus-Christ", écrite par Philippe Labro, musique d'Eddie Vartan, sera considérée à l'époque comme un blasphème, et interdite sur les ondes et à la télévision.

C'est surtout une affiche de sa tournée "Jésus-Christ" qui le présente moustachu et torse nu, crucifié sur une guitare qui créa l'émotion. Je n'ai pas retrouvé cette affiche sur internet…

Harry Winston (1896-1978) fut le premier joaillier à "diamanter" dès 1944, les plus grandes stars d'Hollywood.

En 1953, dans le film Gentlemen Prefer Blondes (Les hommes préfèrent les blondes), la chanson *Diamonds are a Girl's Best Friend*, chantée par Marilyn Monroe, inclut la phrase suivante : "*Talk to me, Harry Winston, tell me all about it* ".

La Lloyd's, sa compagnie d'assurance, lui interdit d'être photographié autrement qu'en silhouette, et de dos de préférence… Cette joaillerie fut victime d'un double cambriolage, en 2007 et 2008, l'un des plus importants au monde, avec plus de 100 millions d'euros de préjudice.

L'œil de l'Aigle qui regarde le joaillier **Harry Winston** (n°29, Avenue Montaigne), crée une ligne qui passe sur l'entrée de l'Opéra Garnier, le Club J.Hallyday (n°10, rue de Caumartin), le chœur de l'église de La Madeleine.

Ce joaillier se trouve exactement sur la ligne reliant le centre de la Grande Croix du Christ à l'entrée de Notre-Dame de Paris.

Si ce grand joaillier **Harry Winston** se trouve au n°29, Avenue Montaigne, ce n'est pas un hasard, tout du moins pour le Code.

En effet, il est confortablement installé sur une ligne on ne peut plus évidente : celle qui relie le Théâtre des Cinq Diamants (n°10, rue des Cinq Diamants) à l'Arc de Triomphe.

L'avocat de Laeticia Hallyday, maître Ardavan Amir-Aslani, se trouve au n°45, Avenue Montaigne... à 200 mètres de ce joaillier.

Selon les désirs de Johnny, la croix devait représenter Jimi Hendrix, bras en croix avec une guitare en bandoulière.

Cette guitare est constellée de 60 diamants de 0,6 carats et 3 saphirs ; 63 pierres représentant peut-être son âge, 63 ans, en 2006 lorsqu'il commanda cette croix.

Plus étrange, ces 63 pierres correspondraient aux 63 mois (5ans et 3 mois) qui lui restait à vivre à partir du 5 septembre 2012, date à laquelle il était hospitalisé à l'Hôpital Cedars-Sinaï de Los

Angeles... On venait de lui retirer de l'eau dans les poumons, signe en fait, qu'à partir de ce jour, ses jours étaient comptés ; il n'avait plus aucune chance de s'en tirer.

Aucun prix concernant cette croix en or n'a jamais été communiqué, mais on peut déjà faire une rapide estimation, sachant qu'un diamant de qualité inférieure de 0,6 carats coûte environ 500 euros. Il peut grimper à 5000 euros suivant la pureté et la rareté. Bref, cette croix coûte au moins 100000 euros.

Elle est frappée des initiales "JH" correspondant aussi bien à Jimi Hendrix qu'à Johnny Hallyday. On reste dans l'ambiguïté la plus totale.

Johnny à l'Hôpital Cedars-Sinaï de Los Angeles, 63 mois avant sa mort...

Dès le lendemain de la mort de Johnny, Laeticia Hallyday porta religieusement cette croix autour de son cou.

Mais à partir de début mars 2018, déclaration de guerre de ses beaux-enfants lui reprochant de n'avoir droit à aucun souvenir personnel, et désormais surnommée "La Veuve Noire" par les fans de Johnny, elle avance, délestée du pendentif. Il faut dire que s'exhiber de nos jours avec un bijou aussi coûteux devient extrêmement dangereux.

Cette croix provocatrice, souvent confondue avec celle du Christ, a dérangé dans les milieux ecclésiastiques, reprochant à Johnny de se comparer à Jésus.

En mars 2006, interrogée par France 3 Nord-Pas-de-Calais, la star jugeait ainsi l'idée de funérailles nationales : *"Je pense que c'est pas terrible"*, argumentait-il.

Ce serait *"un hommage pour une star absolue"*, insistait le journaliste. *"Je ne suis pas une star absolue, les gens s'imaginent ça, moi, je suis un homme simple"*, rétorquait Johnny Hallyday, visiblement fatigué.

Chaque étape de la vie de Johnny a été marquée par le signe de la croix.

Depuis son baptême en l'église de la Trinité, puis son mariage avec Sylvie Vartan, en 1965, dans l'église Saint-Lucien de Loconville, et pour terminer ses funérailles en l'église de La Madeleine, avec ce signe de croix tracé par les proches à l'aide du goupillon sur son cercueil blanc.

Enfin, pour l'éternité cette tombe toute simple immaculée avec son prénom de baptême, Jean-Philippe, et une grande croix en marbre blanc pour rappeler sa confession.

En mars 2017, le crucifix à la guitare (celui qui fut dessiné temporairement sur la poitrine de Johnny) apparaît tatoué sous l'avant bras gauche de Johnny avec la mention "Jamais Seul"… un peu comme s'il désirait emporter cette croix dans la tombe…

Ce fut l'un de ses derniers tatouages.

Le 24 août 2017, jour de la Saint-Barthélémy, Johnny passait les dernières vacances de sa vie en famille sur l'île de Saint-Barthélémy (photo de droite). Deux semaines plus tard, dans la nuit du 5 au 6 septembre, l'île de Saint-Barthélémy était dévastée par l'ouragan Irma. La villa des Hallyday fut en partie démolie. C'est aussi dans une nuit du 5 au 6 que Johnny devait déceder.

Acte de décès de Johnny Hallyday

Comme il est spécifié dans l'acte de décès de la mairie de Marnes-la-Coquette, Johnny Hallyday a rendu l'âme le 5 décembre, officielement à 22h10mn (**10h10** du soir), avec une tolérence de quelques minutes.

Acte de décès n° 12 / 2
Jean-Philippe Léo SMET

Le cinq décembre deux mille dix-sept, à vingt-deux heures dix minutes, est décédé en son domicile, Villa————
Savannah, Parc Privé de Marnes-La-Coquette, Jean-Philippe Léo SMET, né à Paris 9e Arrondissement————
(Paris), le quinze juin mil neuf cent quarante-trois, fils de Léon Marcel Jules SMET, et de Huguette Eugénie————
Perrette CLERC, décédés, époux de Laetitia Marie-Christine BOUDOU.————
Dressé le six décembre deux mille dix-sept à huit heures huit minutes, sur la déclaration de Sébastien Rosko————
FARRAN, âgé de 46 ans, Manageur, ·   sans————
lien de parenté, qui, lecture faite et invité à lire l'acte, a signé avec Nous, Lora GOEPFERD, Officier de l'Etat————
Civil par délégation du Maire.————

Copie intégrale certifiée conforme
selon le procédé de traitement informatisé

Pour le Maire et Par Délégation,
L'Officier d'Etat Civil,

Lora GOEPFERD

L'officier d'Etat Civil qui a dressé l'acte de décès, le 6 décembre se prénommait Lora… comme la fille aînée de Johnny.

La ligne reliant le Club **J. Hallyday** à la Clef de la **Mort** (entrée du Père Lachaise), passe sur le Café **Le 10h10** (n°19, rue de Cléry).

La ligne reliant le Passage des **Soupirs** au Café Le **10h10** (n°19, rue de Cléry), passe sur la Sarl **Mamour**.

Le Grand Œil (Observatoire de Paris) qui regarde la Sarl Mamour, crée une ligne qui passe sur le Café "Le 10h10" (n°210, rue Saint-Martin).

C'est à 10h10 également, le 9 décembre, que le cortège funèbre a quitté Marnes-la-Coquette pour le funérarium du Mont-Valérien, et enfin c'est encore à 10h10mn le 10 décembre que le Boeing transportant le cercueil de Johnny Hallyday a décollé du Bourget pour l'île antillaise de Saint-Barthélémy.

Désormais, même s'il s'agit d'une pure coïncidence, lorsqu'un fan de Johnny Hallyday regardera les montres exposées à la devanture d'une horlogerie-bijouterie, il verra l'heure de la mort de son idole.

En effet, certains ne l'auront peut-être pas remarqué, mais toutes les montres du monde présentées dans les publicités, en exposition ou photographiées indiquent toujours 22h08 ou 22h10 (10h08 ou 10h10). Aucune dimension mystique ne se cache derrière, simplement un événement historique et des codes esthétiques.

Le **Greenwich Mean Time** est l'heure universelle : le méridien de Greenwich est le point zéro, le globe est découpé en deux hémisphères de 180 degrés et une journée dure 24 heures.

Cet accord fut signé par 24 pays après plusieurs semaines de négociations en octobre 1884 à **10 h 10 exactement**.

C'est pourquoi les artisans du monde de l'horlogerie règlent leurs ouvrages en référence à cet événement.

Mais ce n'est pas l'unique raison ; cela obéi également aux codes de la publicité. Inconsciemment, notre œil est sensible à certains codes esthétiques qui régissent l'univers de la publicité.

Ainsi, le fait d'afficher 10 h 10 ou 10h 08 n'est pas anodin.

Les aiguilles pointent vers le ciel, formant le "V" de la victoire.

C'est ce qu'on appelle une position positive.

Alignées, les aiguilles auraient ajouté une connotation de rigueur trop forte.

Ensuite, lorsqu'elles indiquent 10h 08 ou 10 h 10, les aiguilles mettent en valeur le nom de la marque généralement situé autour du 12 et laissent une bonne visibilité des compteurs chronographes pour les montres qui en possèdent.

Les montres de Johnny (Source : Le Calibre.com)

Grand amateur de luxe, Johnny Hallyday appréciait également l'horlogerie fine. Cartier, Rolex, Audemars Piguet ou Victorinox, des tocantes très luxueuses ou plus modestes se sont posées à son poignet.

En 1963, Johnny a 20 ans et déjà "superstar". Il a des goûts de luxe et il ne se prive de rien.

On le voit alors régulièrement au volant de sa Ferrari avec une Tank de chez Cartier au poignet.

Dans les années 80, Johnny a la quarantaine ; pour montrer sa réussite, il s'offre une Rolex "Oyster Perpetual Date". Il n'a pas attendu cinquante ans.

En 2009 sur un plateau de télévision, à la question "Pensez-vous avoir réussi votre vie ?", le publicitaire Jacques Séguéla, répondait : "tout dépend de votre âge et de la montre que vous portez… enfin, tout le monde a une Rolex !

Si à cinquante ans on n'a pas une Rolex, on a quand même raté sa vie !". Cette affirmation faisait suite aux accusations portées à Nicolas Sarkozy, alors accusé d'être un président *bling-bling*.

En 2005, il s'est offert probablement la montre la plus originale de sa collection, réalisée par le bijoutier Harry Winston qui créa pour lui sa fameuse croix à la guitare électrique.

Cette montre est une "Harry Winston Z6" en Zallium avec un calibre HW1010 développé par Chronode.

En 2012, il s'offre une magnifique Audemars Piguet "Royal Oak 15400", probablement la montre la plus chère que le chanteur français ait eut au poignet.

La même année, il acheta une montre " Daniel Strom Memento Mori"

Audemars Piguet "Royal Oak 15400"   -   "Harry Winston Z6"

En 2015, il arborait une "Mangusta Supermeccanica", de Chronographe Suisse Cie.

"Daniel Strom Memento Mori"   -   *"Mangusta Supermeccanica"*

La dernière montre du "Taulier"...

En 2017, Johnny n'a évidemment plus rien à prouver à personne, et certainement pas sa réussite.

Il se tourne alors vers un produit ultra résistant, la Victorinox "I.N.O.X", à moins de 500 €, c'est la montre la moins chère qu'ai possédé le chanteur jusque-là.

Le slogan de Victorinox (fabricant de couteaux suisse) est " Companions for life".

Ces montres qui résistent à toutes les situations les plus extrêmes sont utilisées par l'armée Suisse.

La montre "I.N.O.X" peut passer sous un tank de 64 tonnes, résister à une chute de 10 m sur du béton, ou encore passer 2 heures dans une machine à laver.

Victorinox "I.N.O.X", la dernière montre de Johnny

Personnalités décédées un 5 décembre

Jean D'Ormesson (1925-2017) Académicien, romancier français, est mort le même jour que Johnny Hallyday, à l'âge de 92 ans.

Fabiola De Mora y Aragon (1928-2014), espagnole, reine de Belgique, morte à 86 ans.

Nelson Mandela (1918-2013) Premier président noir d'Afrique du Sud, mort à 95 ans.

Oscar Niemeyer (1907-2012) Architecte brésilien, constructeur de Brasilia, mort à 105 ans.
Claude Monet (1840-1926) Peintre français.
Alexandre Dumas (1802-1870) Écrivain français.
Wolfgang Amadeus Mozart (1756-1791) Compositeur et Musicien autrichien, mort à 35 ans.

Personnalités nées, comme Johnny, un 15 juin

Michèle Laroque (1960-20..) Comédienne française
Demis Roussos (1946-2015) Chanteur de variété grec
Brigitte Fossey (1946-20..) Comédienne française
Claude Brasseur (1936 - 20..) Comédien français
Guy Bedos (1934 - 20..) Fantaisiste, comique français.

Photo AFP :Charles Aznavour et Johnny Hallyday en 1961, sur le tournage du film "Horace 61", dans le cimetière de Saint-Germain-en-Laye.

Les maisons de Johnny

Johnny était le deuxième chanteur français le mieux payé.
En 2016, il a généré 16 millions de chiffre d'affaires.
S'il a obtenu tout au long de sa vie de très beaux revenus, il a gardé ces sommes durant très peu de temps sur ses comptes en banque. Il dépensait chaque mois entre 200 et 400.000 euros.
Des montants qui servaient notamment à l'entretien de ses deux passions : les villas de luxe et les beaux moteurs.

Sa villa "La Savannah" à Marnes-la-Coquette, achetée en 2000 est l'une des plus petites demeures de Johnny (900 m² de surface habitable) dans laquelle il devait décéder.
D'une valeur de 26,5 millions, meublée, elle possède six chambres, une salle de billard, un studio d'enregistrement et une salle de cinéma avec 20 sièges.
La localisation était idéale, à 20 minutes de Paris dans le village le plus riche de France. Avec un hectare de jardin, une piscine et un terrain de tennis.

Sa Villa "Jade" dans l'île de Saint-Barthélémy...

C'est en 2010 que Johnny a craqué pour cette Maison de 650 m² situé au n°789, Amalfi Drive, dans le quartier de stars de Pacific Palissade (27000 habitants) à Los Angeles, entre océan et colline, proche de Malibu et Santa Monica. Valeur : six millions d'euros.

Un chalet (baptisé "Jade") de 9,5 millions d'euros (entièrement rénové) acheté en 2006 en Suisse, situé dans la station huppée de Gstaad, jouissant de deux terrasses pour admirer les skieurs et de onze pièces pour se réchauffer (320 m2).

Il compte sept chambres, dix salles de bain et un énorme garage contenant la collection de voitures du chanteur.

Enfin, les Hallyday profitaient de la neige en Suisse l'hiver et d'un régime fiscal avantageux. Le chalet fut vendu en 2015.

Johnny Hallyday était aussi une star en Suisse.

En 1960 à Genève, il faisait sa première apparition scénique. Quinze ans plus tard, il offre aux détenus d'une prison vaudoise un concert.

789, Amalfi Drive

Comme on a pu le découvrir dernièrement, l'une des dernières adresses de Johnny Hallyday fut aux USA :
- **n°789, Amalfi Drive (Pacific Palissade), Los Angeles. CA 90272.**

A Paris, il existe une Sarl "789 Music" (n°34, rue Sedaine).
Il existe également un restaurant "Amalfi" (n°29, rue de Turin).
Si nous relions ces deux adresses, nous obtenons une ligne de 4,6 km qui passe sur la Sarl Boudou (n°13, rue du Faubourg de Montmartre), et sur l'adresse de jeunesse de Johnny, la rue de la Tour-des-Dames. Précisons que Laeticia (Boudou) continue de vivre à cette adresse…
Il existe aussi une société **Amalfi** au n°1, rue Lord Byron, exactement sur l'axe Sarl Mamour - Club Johnny Hallyday.
La Sarl **Mamour**, la Sarl Cofina **789** (n°47, Avenue de l'Opéra) et la Société **Amalfi** (n°10, rue du Colisée) sont alignées.

To be or not to be

"Rêve et Amour" est le 11ème album de Johnny Hallyday, sortie octobre 1968.
Sur la pochette du 33 tours (L.P), le chanteur est représenté en Hamlet devant un oriflamme sur lequel est inscrit "Rêve et Amour".
On remarquera le prénom Eve qui couronne subtilement sa tête. Johnny se trouve dans un paysage médiéval représentant une forteresse ressemblant à Carcassonne.

C'est justement à Carcassonne que Johnny est apparu pour la dernière fois devant son public, le 5 juillet 2017, lors de la dernière de la tournée des Vieilles Canailles. Ses filles Joy et Jade étaient montées sur scène pour embrasser leur père…

Hamlet (Opéra Rock progressif), est le 22ᵉ album studio de Johnny Hallyday. Sorti le 7 novembre 1976.

Le monologue d'Hamlet est peut-être le passage le plus célèbre de toute la littérature anglaise : Etre ou ne pas être… telle est la question.

Cette phrase se récite en tenant une tête de mort dans la main gauche.

Ce crâne on le retrouvera de plus en plus dans la carrière de Johnny, avec une apothéose lors de sa tournée "Jamais Seul" et son crâne monumental d'où il sortira triomphalement.

Le permis de conduire

On sait aujourd'hui à quel point Johnny aimait les belles voitures et les belles motos. Le 15 juin 1961, Johnny a fêté ses 18 ans à Vichy. Il a découpé son gâteau d'anniversaire sous le kiosque à musique de la Source de l'Hôpital. A l'époque, Johnny donnait un concert à l'Élysée-Palace avec son orchestre "Les Golden Stars".

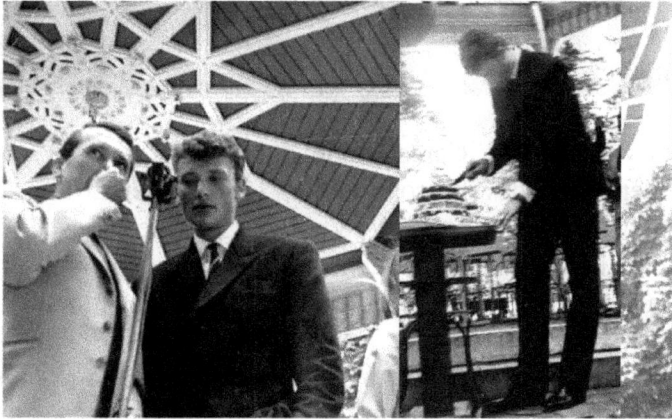

Le jour même de ses 18 ans, âge légale pour passer son permis de conduire, il commença à prendre des cours de conduite à Antibes d'abord, en juin 1961, puis à Chamalières (Puy-de-Dôme), en décembre.

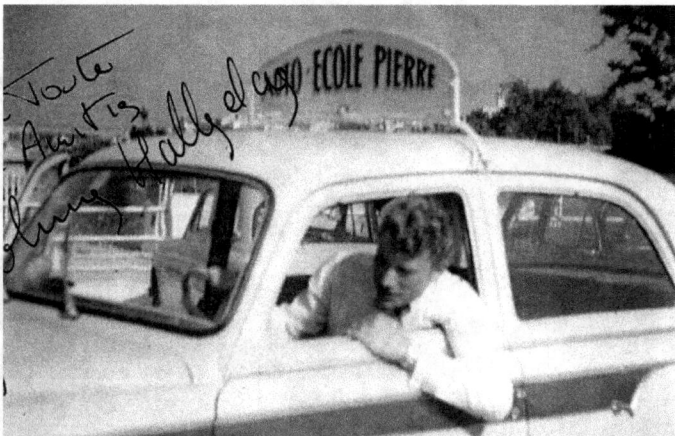

Photo : Danielle Dos Santos, fille de Pierre Taggiasco, propriétaire de l'auto-école "Pierre", à Antibes.

Cette photo prise durant l'été 1961 montre Johnny Hallyday (18 ans à l'époque), installé au volant d'un véhicule de l'Auto-Ecole Pierre (aux abords de la place De-Gaulle à Antibes).

Pour le créneau, pas évident de manœuvrer sans rétroviseur et avec la portière passager ouverte...

C'est en effet sur les routes d'Antibes que Johnny a appris à conduire. Joseph Malengo, ancien basketteur disparu en 2013, lui donnait les leçons.

Cette année-là, le jeune Jean-Philippe Léo Smet vivait chez Vonny (n°2, Avenue Maréchal Joffre) à Juan-les-Pins, où il chantait déjà sous le nom de Johnny Hallyday, au Club "Vieux Colombier" (une annexe du célèbre club de jazz parisien de Saint-Germain-des-Prés).

Il était payé 70 francs par soirée. Désormais une star, seulement un an plus tôt il était encore un parfait inconnu.

L'année suivante en 1962, Johnny Hallyday se présente pour la première fois au micro d'Europe 1.

Sa voix est presque fluette et ses réponses tiennent en quelques mots. Il avoue ne pas avoir poussé ses études au-delà de l'école primaire, et qu'il prend des cours de guitare.

Presque timide pour expliquer son succès, il se contente de dire "Je chante, ça plaît à certaines personnes...".

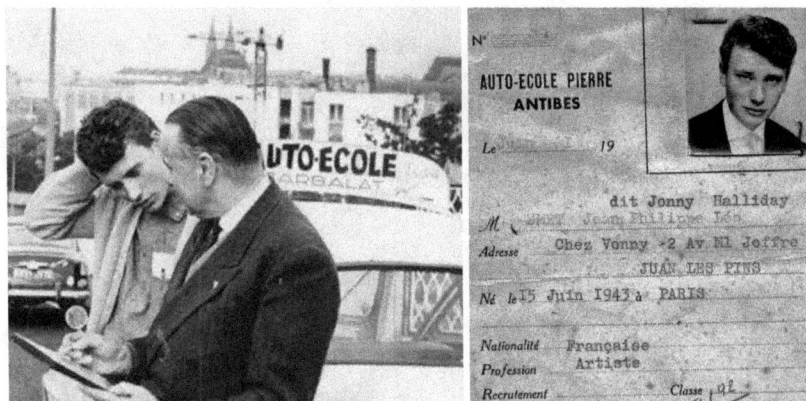

En décembre 1961, Johnny Hallyday, continue ses cours de conduite à l'auto-école Barbalat, Avenue de Montjoly à Chamalières (Puy-de-Dôme).

A l'époque il chante devant près de 5000 personnes au cinéma "Le Paris", à Clermont-Ferrand.

Mais qui était cette mystérieuse Vonny qui hébergeait Johnny, à Juan-les-Pins, en 1961 ?

Etait-ce Vonny Berger, de son vrai nom Yvonne Guillaud (1933-2010), comédienne et chanteuse attachée de presse chez Eddie Barclay ? C'est à vérifier. Aucune trace d'un contact entre ces deux personnes sur internet. Cette animatrice d'Europe 1, voix légendaire de la station à partir de 1964, et pendant une dizaine d'années, fut surnommée la *Voix d'or*. Elle participa à Salut les copains. Elle eut un fils avec l'animateur Guy Lux...

Hommage à Cannes

Suite au décès de Johnny, après avoir fait résonner pendant deux jours sa voix rue d'Antibes et diffuser sur ses supports numériques de nombreuses images cannoises de la star, Cannes a poursuivi son hommage à Johnny en dévoilant sur la façade de la mairie une photo géante en noir et blanc prise par Paris-Match dans les années soixante sur une plage cannoise.

La Mairie a rendu hommage à l'icône en juin, lors du MIDEM avec une exposition en plein air de photographies grand format de Johnny le long de La Croisette.

Johnny sur le "Chemin des Etoiles" - Johnny au balcon du Carlton en 1962

Autour du Palais des Festivals à Cannes (Esplanade Georges Pompidou), se déroulant comme une pellicule de film, on peut voir sur le "Chemin des Etoiles" de la Croisette, depuis 1982, des centaines d'empreintes de mains figées dans l'inox, notamment celle de Johnny Hallyday qui a laissé une part de lui-même à la postérité. A l'origine les empreintes étaient faites dans de l'argile.

Lady Lucille…

Johnny a chanté et vécu l'amour, de célèbres coups de foudre en ruptures mémorables, jusqu'à sa rencontre avec Laeticia, mais il a toutefois emporté avec lui un dernier secret concernant sa vie sentimentale…

Une femme de l'ombre, ignorée du grand public, qu'il surnommait « Lady Lucille ». Il n'a jamais révélé son identité mais d'après ses dires, elle lui a apporté la "lumière" pendant 30 ans.

Mentionnée dans quelques biographies, elle restera sans nom, ni visage, juste un titre de chanson, figurant sur l'album Lorada, sorti en 1995 et une évocation dans son autobiographie "Destroy". Dans ce livre, il avoue l'avoir rencontrée pour la 1ère fois en 1961, et qu'il lui a joué de la guitare…

Depuis, elle lui a toujours ouvert les portes de son cœur.

A chacune de ses ruptures, à chaque désespoir, Johnny revenait vers elle. Il a toujours voulu la préserver comme elle a su également préserver sa vie privée et sa carrière. Cette mystérieuse Lucille, serait une actrice française très connue, qui a été la grande passion de Johnny, par intermittence…

Lucille est un prénom tiré du terme latin « lux » se traduisant par "lumière"…

Le Code nous confirme d'un rapport entre Johnny et Lucille.

Le Grand Œil (Observatoire de Paris) qui regarde la Sci Lucille (n°87, rue Pouchet), passe sur le Club J.Hallyday.

Essayons de percer ce mystère grâce aux alignements du Code.

Le nom de Catherine Deneuve a souvent été avancé, elle qui fut en effet son premier "grand amour"…mais nous avons besoin de preuves.

Catherine Deneuve (Dorléac) (1943-20..) est considérée comme l'une des plus grandes actrices françaises de sa génération.

Elle est née la même année que Johnny. Elle fut l'égérie de réalisateurs majeurs.

C'est en 1961, à l'occasion du tournage du film de Marc Allégret "Les Parisiennes", que Johnny, déjà "idole des jeunes" fit la connaissance de Catherine Deneuve, 18 ans. Jouant le rôle d'un guitariste, il lui chantait "Retiens la nuit". Un souvenir inoubliable, et le début d'une longue histoire... "Pour moi, elle incarnait l'idéal féminin" confia plus tard Johnny.

"Je l'ai revu souvent depuis le film. J'avais beaucoup d'affections pour lui. Un peu plus que de l'affection d'ailleurs. Un vrai attachement" confia-t-elle.

Catherine Deneuve n'a pas voulu assister aux funérailles de Johnny à La Madeleine...

Extraordinaire Parisis Code ! Il nous confirme que Catherine Deneuve est bien la mystérieuse " Lady Lucille" !

En effet, Catherine Deneuve possède une Société Madame Catherine Dorléac, au n°76, rue Bonaparte. Probablement son adresse privée, magnifiquement placée devant l'église Saint-Sulpice.

Toujours est-il que cette adresse se trouve bien sur la ligne Grand Œil (Observatoire de Paris) - Club J.Hallyday - Sci Lucille.

Johnny avait aussi sa boutique SMET (Audigier), au n°61 de la rue Bonaparte... à 100 mètres.

Autre curiosité, comme nous confirmer que nous sommes dans le vrai : la ligne joignant la clef de la Communication (entrée de Radio-France) au n°76, rue Bonaparte, passe exactement sur une autre société Lucille, au n° 11, rue George Bernard Shaw (15e)

Il n'y a pas de mystère pour ce Code !

J'ai oublié de vivre

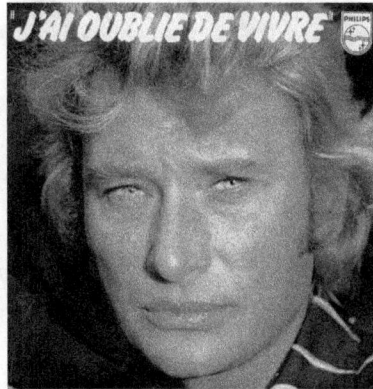

"J'ai oublié de vivre" chantait Johnny en 1977...

Quarante ans plus tard, en 2017, sur son lit de mort, malgré une vie d'artiste bien remplie et une accumulation indécente et obsessionnelle de biens matériels, n'en est t-il pas arrivé à cette conclusion ?

On ne répétera jamais assez que les linceuls n'ont pas de poches et que les biens les plus précieux sur cette terre, sont en fait, les petits moments tout simples passés avec ceux qu'on aime.

Deezer

Dans le cadre de la sortie du 51e album de Johnny Hallyday "Mon pays c'est l'amour", le service de streaming "Deezer" a présenté du 19 au 21 octobre 2018 sur le parvis de la Gare Saint-Lazare à Paris un dispositif original pour célébrer l'événement.

On remarquera que le 20 octobre est la Sainte Adeline, un prénom qui évoque celui de l'ex épouse de Johnny, Adeline Blondieau, une femme qu'il épousa deux fois; la première fois en 1990 et la deuxième fois à Las Vegas en 1994.

L'installation de Deezer était une sorte de borne circulaire géante de 25 mètres de circonférence, 8 mètres de diamètre et plus de 4 mètres de haut, composée de 4700 câbles dont 200 fils d'écoute (câbles jack), permettait d'écouter gratuitement sans limite, l'intégralité de l'album posthume.

La borne était décorée d'une photo de Johnny, faite par le photographe Mathieu César.

Consigne à Vie

L'heure de Tous

La borne "Deezer" se trouvait à côté d'une œuvre d'Arman (réalisée en 1985), composée d'une accumulation d'horloges en bronze intitulée "L'Heure de tous". Certaines de ces horloges indiquent l'heure exacte de la mort de Johnny : 10h10.

On remarquera que phonétiquement, "Deezer" sonne comme "10 heures", l'heure à laquelle Johnny commença à expirer…

Enfin la borne Deezer fermait ses portes à… 10h P.M (22h).
Une intéressante constatation très "Parisis Code" dont le message pourrait être "voici le dernier cadeau de Johnny Hallyday qui a fait ses valises à 22h10", nous montre que la borne concernant l'album posthume se trouvait exactement installée sur un parvis de gare, symbole de "départ", et sur la ligne reliant "L'Heure de tous" d'Arman à l'autre œuvre de cet artiste intitulée " Consignes à vie" composée d'une accumulation de valises en bronze.

La croix indique l'emplacement de la borne "Deezer"

Le hasard fait bien les choses ! Il se trouve que 60 ans avant cette prestigieuse promotion de son album posthume, en 1958 devant cette même gare Saint-Lazare, Johnny et ses copains avaient l'habitude de se retrouver dans leur bar préféré : **le Snack-Spot Bar, un bar branché attenant à la gare.**
Avec ses potes, le futur "Johnny" jouaient au billard et écoutaient des disques sur le juke-box….
Plus tard, toujours en ce lieu, en 1985, Johnny tourna dans le film de Jean-Luc Godard : Détective.

Jojo et Jean d'O

Unis dans la mort, le 5 décembre 2017, Johnny Hallyday (74 ans) et l'académicien Jean d'Ormesson (92 ans) l'étaient également dans le sang. Mais il faut remonter au XVe siècle, à Namur, en Belgique, pour dénicher leurs racines communes.

(Source : Généanet - Le Parisien / Aujourd'hui en France)

Ils étaient cousins très éloignés, partageant un ancêtre commun.

Ils descendent tous deux d'un couple : le noble seigneur Jean de la Malaize et sa femme Marie Smaele de Broesberghe.

Ce couple a eu deux filles, Marie et Catherine.

La branche Smet descend de Marie et la branche d'Ormesson de Catherine, donnant 13 générations plus tard, le rockeur et l'homme de lettres…

Sur la lignée de Marie, on trouve un certain Jean Smet (1771-1848) ouvrier agricole à Beez. Son arrière-petit-fils se prénomme Léon, il est le père de celui qui prendra le nom d'artiste Johnny Hallyday, notre Jojo national...

Presque 20 ans les séparaient...

Jean de La MALAIZE
& Marie Smaele de Broesberghe

Marie de la MALAISE de DONGELBERGHE †1508
&ca 1494 Jean-Waldor de MODAVE †1530

Catherine de La MALAIZE
& Guillaume POUILLET de FERME
& Rasse de CORSWAREM †1504

Marie de MODAVE 1474-1559
& Pirkin de CHESTREVIN 1470-1563

Rasse de CORSWAREM †1558
& Margareta de BRANDEBOURG

Marie POUILLET de FERME
& Jean de FUMAL †1536

Guillaume de CHESTREVIN 1520-ca 1600
&1594 Marguente ONYN

Catherine de CORSWAREM
& Jacques de CORSWAREM †1598

Marie de FUMAL †1569
& Jean d'AUVIN

Antoinette de CHESTREVIN
&1594 Martin dit Higuet GEORGES

Anne de CORSWAREM
&1522 Guillaume d'OYENBRUGGE, baron de Meldert

Guillaume d'AUVIN †1573
&1562 Barbe van der BALCK †1573

Anne GEORGES
& Paul de COUX †1676

Antoinette d'OYENBRUGGHE
& Eustache de HOSDEN

Philippe d'AUVIN †1606
& Cécile de WOESTENRAEDT †1634

Paul de COUX 1636
& Antoinette de COUX

Ermelinde de HOSDEN
& Charles de SALMIER

Philippe d'AUVIN
&1622 Anne BERMINGHAM

Anne Catherine de COUX 1671
& Armand SMET 1672

Ermelinde de SALMIER
& Philippe de MARBAIS

Marie Anne d'AUVIN †1746
& Charles Alexandre de WOELMONT 1627-1701

Pierre SMET 1700
& Anne-Marie BEAUFAYS

Anne Ermelinde de MARBAIS †1723

Charles Alexandre de WOELMONT 1666

Antoine SMET 1736
&1763 Jeanne Deldisme 1734

Marie Anne de Woelmont d'Hambraine de WOELMONT 1715
& François Louis de HAULTEPENNE 1704-1774

Jean SMET 1771
&1807 Marie Maillen

Marie de HAULTEPENNE
& Henri Claude de NAMUR, vicomte d'Elzée 1749-1819

Jean SMET 1812
&1857 Marie-Antoinette Detry

Constant de NAMUR d'ELZÉE, Vicomte de Namur d'Elzée 1790-1832
&1814 Léopoldine de BEAUFFORT, Marquise de Beauffort 1789-1855

Antoine SMET 1864
&1888 Marie-Barbe Hubin 1865

Marie de NAMUR d'ELZÉE 1823-1886
&1841 Henri LEFÈVRE d'ORMESSON, Marquis d'Ormesson 1808-1882

Léon SMET 1908-1989
&1944 Huguette CLERC 1920-2007

Olivier LEFÈVRE d'ORMESSON, Marquis d'Ormesson 1849-1923
&1875 Marguerite du BREUIL-HÉLION de LA GUÉRONNIÈRE 1854-1916

Jean-Philippe Johnny HALLYDAY SMET 1943-2017

André LEFÈVRE d'ORMESSON, Marquis d'Ormesson 1877-1957
&1920 Marie ANISSON du PERRON, châtelain de Saint-Fargeau 1892-1975

Jean LEFÈVRE d'ORMESSON 1925-2017

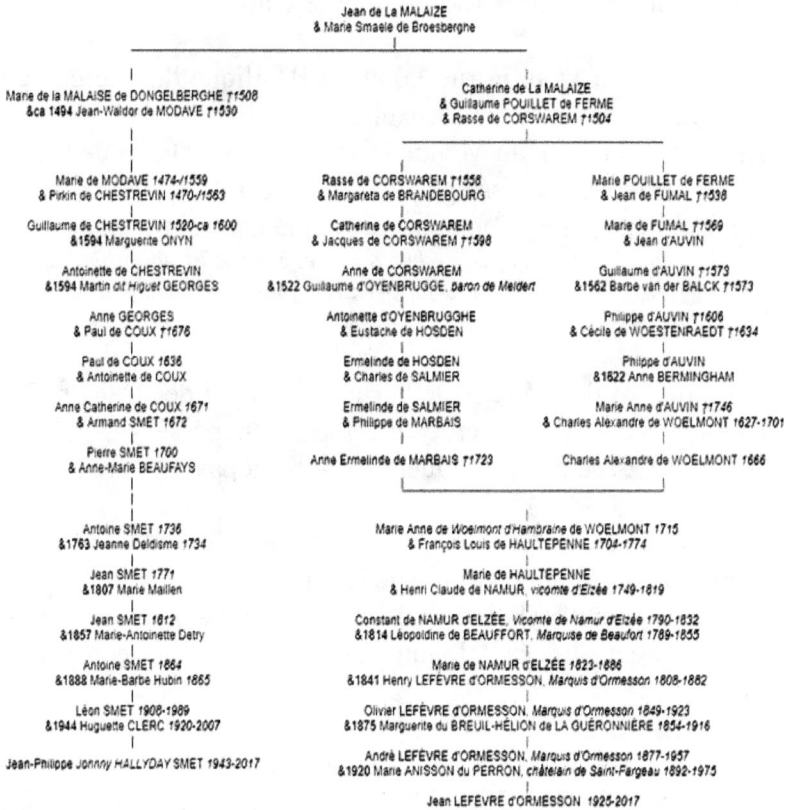

Toute la famille Smet est flamande, originaire de la province de Namur.

L'ancêtre connu le plus ancien de Johnny Hallyday est un certain **Claude Smet**, né en 1640 et décédé en 1710 à Saint-Denis-Bovesse. Le curé de Lives-sur-Meuse (à côté de Namur) **Jean-Joseph Smet** (né à Boninne en 1812 et décédé à Beez en 1888) était l'arrière-grand-père de Johnny.

Clément Antoine Smet était son grand-père, né à Beez en 1864, d'une famille de neuf enfants, est le seul à avoir eu une descendance mâle qui a perpétué le nom. Il est décédé en 1908.

Il épousera Marie-Barbe, dite "Bobonne", qui donnera le jour à **Léon**, son dernier enfant, le 3 mai 1908, **rue Stephenson** à Schaerbeek, une commune populaire du nord de Bruxelles.

Léon Smet ne connaîtra pas non plus son père. Il mourra en 1989 à Schaerbeek.

Léon Smet s'est fait connaître avant-guerre à Bruxelles dans le milieu artistique à la fois d'avant-garde et anarchiste. **

La rue Stephenson, la rue Léon et le Club Johnny Hallyday sont alignés.

La rue Stephenson, la rue Léon, la Basilique du Sacré Cœur de Montmartre, et la rue de Bruxelles sont alignés.

La Clef de la Mise au Monde (Esplanade des Droits de l'Homme, du Trocadéro), l'adresse de naissance de Johnny (Clinique Marie Louise), le Square Léon et la rue Stephenson sont alignés.

*** (Source : "Livre Hallyday - Les derniers secrets" Edition de l'Arbre, par Eddy Przybylski, journaliste à la Dernière Heure, et chanteur sous le nom d'Eddy Barsky).*

L'œil de l'Aigle qui regarde la rue de la Tour des Dames, adresse d'enfance de Johnny, crée une ligne qui passe sur l'Hôtel des Belges (35, rue de Saint-Quentin). Il n'y a pas mystère !

Johnny Hallyday et Jean d'Ormesson (Jean d'O) sont morts autour du 5 décembre, veille de la Saint-Nicolas.

Le Club Johnny Hallyday, la rue d'Ormesson et la rue Saint-Nicolas sont alignés... Johnny est né un 15 juin et Jean un 16 juin…

Ils avaient le même prénom "Jean", les mêmes yeux très bleus et "magnétiques" et une faculté de plaire aux jeunes de 7 à 77 ans.

En octobre 2008, Jean d'Ormesson avait déclaré qu'il était préférable pour un écrivain de ne pas mourir en même temps qu'une vedette de la chanson, sous peine de voir sa disparition éclipsée… Une phrase vraiment prémonitoire !

Si l'on ne trouve aucune photo de Johnny en compagnie de Jean d'Ormesson, on peut par contre, voir Laeticia concourant en avril 2008 au profit de l'Unicef, avec Jean d'Ormesson dans l'émission "Qui veut gagner des millions", à laquelle Johnny avait participé avec son épouse le 11 janvier 2005.

A l'époque, il avait d'ailleurs fait beaucoup rire lorsqu'on lui demanda s'il voulait faire appel à un ami, en déclarant que tous ses amis étaient morts…

Comme pour Johnny Hallyday, l'année 2017 fut pour Jean d'Ormesson une année très spéciale puisqu'elle marqua la fin de son existence sur Terre.

Une date qui est indiquée par le Code.

Le Grand Œil (Observatoire de Paris) qui regarde l'adresse de Jean d'Ormesson, passe bel et bien sur la Société AOD **2017** (n°8, Place du 8 juin 1940) !

Jean d'Ormesson

La famille Lefèvre d'Ormesson appartient à la noblesse de robe (occupant des fonctions de gouvernement, principalement dans la justice et les finances).

Fils de l'ambassadeur André d'Ormesson et de Marie Henriette Anisson du Perron, une famille royaliste, le **Comte Jean d'Ormesson**, était l'époux de Françoise Béghin, héritière de la célèbre famille de l'industrie sucrière.

Le Code nous indique carrément qu'il existe un rapport entre Johnny Hallyday (Mamour) et Jean d'Ormesson (Monsieur le comte d'Ormesson, titre authentique bien que de ""courtoisie", c'est-à-dire de fantaisie, sans véritable existence légale).

Pour le découvrir, il suffit de créer une ligne " Monsieur le comte d'Ormesson " de la façon la plus simple qu'il soit, en traçant la ligne de 2 kilomètres reliant la Sarl "Monsieur le Comte" (n°9, Cour des Petites Ecuries) à la rue d'Ormesson.

On constate alors que cette ligne traverse bien la Sarl Mamour (Impasse de la Planchette), le surnom intime de J. Hallyday !

Dans le Code, il est écrit que la famille d'Ormesson donnerait naissance à un académicien et qu'il recevrait un Hommage National. De quelle façon ?

La ligne reliant la Clef de la Mise au Monde (Esplanade des Droits de l'Homme du Trocadéro) à la rue d'Ormesson, passe sur l'Académie Française et la Société Hommage (n°56, rue de l'Université).

Les membres de l'Académie Française qui siègent sous la coupole de l'Institut de France sont appelés les "Immortels".

Rappelons que Jean d'Ormesson (1925-2017) souvent présenté comme le plus grand écrivain français contemporain, et l'écrivain préféré des français, fut d'abord benjamin puis doyen à la fin de sa vie, de cette prestigieuse Académie.

Elu 652ème académicien le 18 octobre 1973, il occupait le fauteuil n°12 de l'écrivain Jules Romain.

L'œil de l'Aigle qui regarde la rue d'Ormesson, passe sur la rue Jules Romain… logique, non ? Curiosité : la rue **Jules Romain** se trouve sur la ligne reliant l'Association "**Immortel**" (n°91, rue de Meaux) à la Sarl "**Vie Eternelle**" (n°84, Avenue de la République)! Qui oserait parler de coïncidence ?

Jean d'Ormesson fut interviewé au sein de la Sainte-Chapelle, en mars 2017, 9 mois avant sa mort, pour "21 cm", une émission littéraire. Etait-ce un message ?

Une présentation préparatoire devant Dieu avant de passer la Grande Porte de la Mort après 9 mois symboliques de gestation ?

Toujours est-il que la rue d'Ormesson, la Sainte-Chapelle, la Porte de l'Enfer du Musée Rodin et le chœur de l'Eglise Saint-Louis des Invalides où eurent lieu ses funérailles le 8 décembre (Immaculée Conception), sont rigoureusement alignées.

La ligne reliant la Sci "8, rue d'Ormesson" (n°5, rue du Général Mangin) à la chapelle des d'Ormesson (au Père Lachaise, section

56ème division) passe sur la Cour d'Honneur des Invalides où le cercueil de Jean fut exposé le 8 décembre.

On remarquera que la ligne de 11,4 kilomètres reliant l'église de l'Immaculée Conception (rue du **Rendez-Vous**) à l'adresse du décès de Jean d'Ormesson (10, Avenue du Parc Saint-James) passe sur la **Fontaine d'Ormesson** (ou de Jarente), située au fond de l'Impasse des Poissonniers, sur les restaurant **Les Philosophes** (n°28, rue Vieille du Temple), et sur le Rond-Point des **Champs-Elysées** (Clef de la Célébrité et lieu des Enfers où les héros et les gens vertueux goûtent le repos après leur mort, dans la Grèce Antique).

Saint-Louis des Invalides   *restaurant Les Philosophes*

Porte de l'Enfer

Fontaine d'Ormesson

Jean d'Ormesson entra au Lycée Henri IV, puis à 19 ans à l'Ecole Normale Supérieure (n°45, rue d'Ulm). Bien entendu, le Code avait prévu ce parcours.

Le Grand Œil (Observatoire de Paris) qui regarde la rue d'Ormesson, crée une ligne qui traverse ces deux établissements. Jean d'Ormesson ou plus précisément Jean Bruno Wladimir François de Paule Lefèvre d'Ormesson, Comte d'Ormesson, surnommé "Jean d'O" était un **philosophe** français.

Il est né au n°97, rue du Bac (7ème arr.), et resta chez ses parents à cette même adresse, jusqu'à son mariage, à l'âge de 37 ans…

Il devint père de sa fille unique Héloïse, par la même occasion, la même année…

Le Code nous montre d'abord qu'il était prévu qu'un jour un certain D'Ormesson serait philosophe, puisque la ligne reliant la Clef de la Communication (Maison de Radio-France) à l'Allée du Philosophe (11ème arr.) passe sur la rue d'Ormesson.

Le Code savait où naîtrait ce futur philosophe !

En effet la ligne reliant l'Allée du Philosophe (11ème arr.) au n°97, rue du Bac, passe sur la rue d'Ormesson.

Il habitait depuis 50 ans dans un hôtel particulier de Neuilly à la lisière du parc de la Folie-Saint-James ; au n°10, Avenue du Parc Saint-James, c'est là qu'il s'est éteint d'une crise cardiaque dans la nuit du 4 au 5 décembre 2017.

C'est pourquoi la mairie de Neuilly a décidé que sa future grande médiathèque, au n°167, Avenue Charles-de-Gaulle prendrait le nom de Jean d'Ormesson, créant ainsi dans le Parisis Code (involontairement, comme d'habitude), une prestigieuse ligne de plus de 7 kilomètres. La ligne reliant cette médiathèque J.d'Ormesson à la rue d'Ormesson, passe sur... l'Arc de Triomphe !

Cette médiathèque Jean d'Ormesson nous indique la mairie où Jean s'est marié le 2 avril 1962.

En effet, la ligne Clef de la Communication - Médiathèque Jean d'Ormesson passe sur la Mairie du 16ème arrondissement (n°71, Avenue Henri Martin).

Jean d'Ormesson fut aussi directeur du Figaro (siège au n°14, Rond-Point des Champs-Elysées).

La ligne reliant la rue d'Ormesson à l'Arc de Triomphe passe sur cette adresse ! Oui, c'était écrit...

Conformément à ses vœux formulés en 2014, Jean d'Ormesson n'a pas été enterré mais incinéré.

Comme les autres membres de sa prestigieuse famille, il a rejoint la chapelle familiale des D'Ormesson située en **56e division** du cimetière du Père-Lachaise.

Cette chapelle bénéficie d'un alignement très symbolique dans le Parisis Code ; une ligne sur laquelle sont alignés la statue de la Mort de la Faculté de Médecine des Cordeliers, le chœur de Notre-Dame de Paris, la rue d'Ormesson, et la Chapelle des d'Ormesson (56e division) au Père-Lachaise.

La ligne reliant l'adresse de décès de Jean d'Ormesson (n°10, Avenue du Parc Saint-James, à Neuilly/Seine) à la chapelle du cimetière où sont déposées ses cendres passe sur le centre de l'Ankh de Paris (Croix de la Vie Eternelle), Place de l'Opéra. Quoi de plus logique pour un "Immortel" ?

Le nom "Ormesson" est formé du préfixe "**orme**", nom de l'arbre surnommé "l'Arbre de Justice". L'orme de Justice de la Place de l'Eglise Saint Gervais, était le plus célèbre de Paris

Vénérés au Moyen Âge, les ormes étaient plantés devant les églises, point de rencontre après la messe. On y rendait justice sous son ombre.

Le Grand-Œil (Observatoire) qui regarde la rue de l'Orme (19éme), forme une ligne qui passe sur la rue d' Ormesson.

Pour les Grecs de l'Antiquité, l'orme était l'arbre d'Hermès (dieu des songes et de la nuit, fils d'Hypnos, dieu du sommeil, frère de Thanatos, dieu de la mort). Les fruits de l'orme accompagnaient les âmes des défunts devant le juge suprême. Il fut le symbole celte de la générosité. Dans le calendrier révolutionnaire, le 2 mars correspondait au jour de l'Orme.

La magie de Saint-Fargeau

Le magnifique Château de Saint-Fargeau, dans l'Yonne, qui fut la propriété de la famille d'Ormesson jusqu'en 1979 est le "personnage" central du roman de Jean d'Ormesson "Au plaisir de Dieu", publié en 1974. "Au plaisir de Dieu" est également la devise de la famille de l'auteur.

Château de Saint-Fargeau

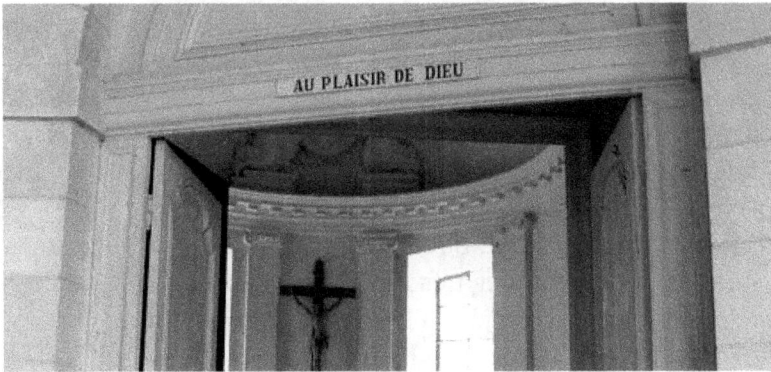

Entrée de la chapelle du château

Jean d'Ormesson passa toutes ses vacances d'été pendant son enfance et son adolescence dans ce château qui appartenait à sa mère. Elle dû s'en séparer, ne pouvant plus en assurer l'entretien. Cette immense bâtisse âgée de 1000 ans avait été dans la famille de l'écrivain depuis le XVIIIe siècle. La séparation entre les d'Ormesson et le château a été difficile.

Jean d'Ormesson déclarait : "Cet endroit a joué un rôle énorme dans ma vie, c'est le seul endroit avec lequel j'ai vraiment eu des liens, c'est ici que je passais mes étés, mes vacances, c'est ici que j'ai commencé à lire".

L'église **Saint-Ferréol** est l'église catholique de Saint-Fargeau.

Jean d'Ormesson soutenait la restauration de cette église…

"Il faut sauver l'église de Saint-Fargeau et la restaurer dans son éclat originel", écrivait-il, décrivant l'église comme "un des joyaux du patrimoine archéologique de la France".

Mais Jean d'Ormesson savait-il que Saint-Ferréol était fêté le 16 juin, jour même de sa naissance ?

Et je vous laisse apprécier cet alignement tout simple mais tellement parlant que l'on retrouve dans les rues de Paris, grâce à ce saint qui sert de lien : la ligne reliant le domicile et lieu de décès de Jean d'Ormesson (n°10, Avenue du Parc Saint-James) à la rue de Saint-Fargeau passe sur la Société "rue Saint-Ferréol" (n°69, Boulevard Malesherbes) qui se trouve à l'angle de la rue de la Bienfaisance. Cette ligne croise la Cour de la Grâce de Dieu (10ème arr.) !

Que se passe-t-il dans Paris, lorsque l'on veut reconstituer la devise du Château de Saint-Fargeau "**Au plaisir de Dieu**"?

Nous avons à Paris la rue Dieu mais aussi une providentielle agence de communication qui répond au doux nom de "Au plaisir"...

Traçons un axe passant par ces deux paramètres. On s'aperçoit qu'il passe, vers l'Est, sur la Place Saint-Fargeau (20ème arr.) !

Mais ce n'est pas tout. Savez-vous que le Parisis Code se paye le luxe de nous indiquer très clairement que le Château de Saint-Fargeau appartint un jour à la famille d'Ormesson ?

Impossible ? Pourtant c'est bien le cas !

La ligne reliant la rue du **Château** (14ème) à la rue **Saint-Fargeau** (20ème arr.), passe bel et bien sur la rue d'**Ormesson** (4ème arr.). Magique, non ?

Et si ces alignements spectaculaires dans Paris faisaient vraiment partie du "plaisir de Dieu"?

Le Secret du château...

Château de Saint-Fargeau

En 1778, Louis-Michel Le Peletier de Saint-Fargeau (1760-1793), Président de l'Assemblée, député de la noblesse favorable à la Révolution, qui hérita du château de Saint-Fargeau, vota la mort de Louis XVI.

Il fut assassiné à Paris dans la cave du Café Février (au n°113 de la Galerie de Valois, au Palais Royal) par un ancien garde-du-corps du roi nommé Pâris, juste la veille de l'exécution de Louis XVI, le 20 janvier 1793. Pâris frappa en criant "reçois ta récompense !"

Le Café Février ouvert en 1784, est l'une des rares activités commerciales du Palais-Royal qui ait subsisté aujourd'hui.

Dans le Code, le Grand-Œil (Observatoire de Paris) qui regarde la rue Le Peletier (extrémité nord), crée une ligne qui passe exactement sur le lieu du crime (n°113). Cet axe, au nord, passe sur la rue des Martyrs… Pourquoi ?

Le Peletier fut considéré comme le premier martyr de la révolution et ses funérailles eurent un caractère de religion.

L'œil de l'Aigle qui regarde le Square Louis XVI, crée une ligne qui passe sur la rue Le Peletier (extrémité nord)…

La scène du crime fut alors peinte par le célèbre peintre **Louis David** (1748-1825) qui avait son atelier au n°16, rue de l'Ancienne Comédie.

On remarquera que cette adresse, le lieu du crime et la rue Le Peletier (extrémité nord) sont rigoureusement alignés !

Cet axe rejoint les jardins de l'Observatoire…

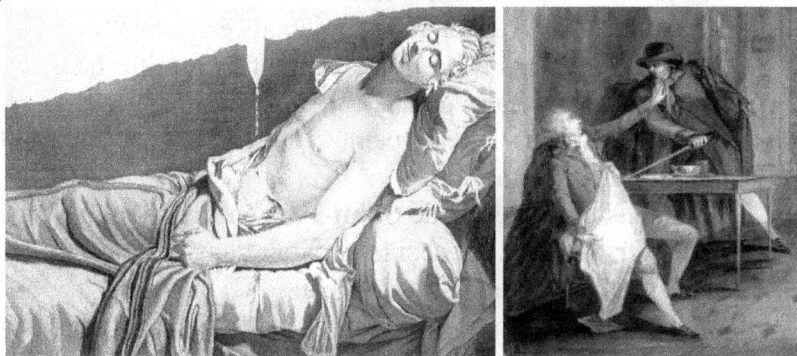

A gauche, esquisse réalisée à partir du tableau de Jacques-Louis David

Une légère impression de sombrer dans le paranormal…

Ce peintre est honoré dans Paris par la rue Louis David.

L'œil de l'Aigle qui regarde cette rue, crée une ligne qui passe effectivement sur la rue Le Peletier (extrémité sud), et sur l'Esplanade des Droits de l'Homme (Clef de la Mise au Monde, de la réalisation).

La ligne reliant le bar "**L'Assassin**" (n°99, rue Jean Pierre Timbaud) à la rue **Louis David**, passe exactement sur **le lieu du crime** (au n°113 de la Galerie de Valois, au Palais Royal).

Enfin la ligne reliant la rue Louis David à la rue Saint-Fargeau, passe aussi sur le lieu du crime. Pourquoi ?

Ce précieux tableau, d'une dimension estimée à environ 2 mètres sur 1,50, fut racheté à la mort de Louis David en 1825 à ses héritiers, pour l'énorme somme de 100 000 francs (330 000 euros), par sa fille unique Louise-Suzanne Le Peletier (royaliste radicale), à condition de ne pas le détruire.

En comparaison, le célèbre tableau du Sacre de Napoléon1er ne fut vendu à l'Empereur en 1807 que 65 000 francs...

De source familiale, d'après Jean d'Ormesson, descendant direct de Louise-Suzanne Le Peletier, celle-ci, qui avait honte de son père, n'aurait effectivement pas détruit la toile maudite, mais l'aurait cachée dans l'un des épais murs du château...

Louise-Suzanne a détruit tous les documents et souvenirs concernant son père et changea même son nom Le Peletier en Mortefontaine.

Le secret de l'emplacement exact fut longtemps transmis secrètement de mère en fille... puis perdu, faute de descendante.

A ce jour, malgré l'intervention de voyants, sourciers et chercheurs de tous poils, la toile n'a jamais été retrouvée.

Si elle avait été retrouvée, probablement la famille d'Ormesson serait encore propriétaire du château de Saint-Fargeau.

Ce tableau de Louis David (peintre de Napoléon 1er), vaudrait aujourd'hui une fortune

Louis-Michel **Le Peletier** de **Saint-Fargeau** est donc un ancêtre de Jean d'**Ormesson**... et ceci transparait dans le Code.

Ainsi dans Paris, l'adresse de Jean d'**Ormesson**, la rue **Le Peletier** (extrémité nord) et la rue (et Place) **Saint-Fargeau** sont alignées !

En 1450, la terre de Saint-Fargeau (dont le château) est vendue à un grand bourgeois, Jacques Cœur, célèbre argentier de Charles VII. Il ne la possédera que 3 années, mais le Code n'a pas oublié cet épisode de sa vie.

Le Grand Œil (Observatoire de Paris) qui regarde, la place, la rue, et la station Saint-Fargeau, crée une ligne qui passe précisément sur la rue Jacques Cœur.

Et si le Parisis Code détenait le secret de Louise-Suzanne Le Pelletier ? On peut rêver...

Pour le Code, le tableau serait emmuré dans la Tour Jacques Cœur du château de Saint-Fargeau.

La ligne reliant la rue Jacques-Cœur à l'Hôtel "Secret de Paris" (rue de Parme), passe sur la rue Le Peletier.

La Tour Jacques Cœur possède un puit de lumière.

Il se pourrait que la tache de lumière générée par ce puit le jour anniversaire de l'assassinat de Louis-Michel Le Peletier de Saint-Fargeau (le 20 janvier), indique l'endroit exact (ou le passage secret) où est caché depuis plus de deux siècles, le tableau du peintre Jacques-Louis David.

Fin janvier, les rayons du soleil sont obliques ; ils n'indiquent pas le sol, mais le mur…

Cette pratique utilisant le cycle du soleil pour indiquer un point précis était volontiers utilisée par les templiers ou les moines cisterciens dans les monastères ou les églises (lire mes livres sur ce sujet : "Les Phénomènes solaires artificiels" ou "Le Secret Solaire du Mont Sainte-Odile" (édités chez Lulu.com, Amazon, etc…).

Tour J.Coeur

Puit de lumière

D'autre part, on sait que Jacques Cœur fit de gros travaux dans le château.

Peut-être en profita-t-il pour aménager un passage secret, pratique courante dans les châteaux du Moyen-Age.

La devise de la seigneurie de Saint-Fargeau : "À cœur vaillant, rien d'impossible" (Nil volentibus arduum).

Avec le Parisis Code, rien d'impossible !

Le crayon des enchantements - Lors de l'Hommage National qui lui a été fait le 8 décembre 2017 (jour de l'**Immaculée Conception**), dans la Cour d'Honneur des Invalides, le Président Macron a déposé symboliquement, comme l'a demandé Jean, un simple **crayon-gomme** vert sur son cercueil…"le crayon des enchantements".

La ligne reliant l'église de l'**Immaculée Conception** (rue du Rendez-Vous) à la rue d'**Ormesson** passe sur les Editions du **Crayon** (n°95, rue du Faubourg Saint-Antoine).

Cet axe rejoint le centre de la Grande Croix du Christ (Bellator) de l'Avenue Foch.

La ligne reliant la Sarl "The Crayon" (n°10, rue Godefroy Cavaignac) à la Cour d'Honneur des Invalides, passe sur la rue d'Ormesson.

Dans le Parisis Code, il existe bien un monument qui symbolise le crayon ou le stylo de l'écrivain.

Il possède même une pointe en or ! Il s'agit du plus vieux monument de Paris : l'Obélisque de la Concorde.

La ligne reliant le lieu de décès d'Ormesson aux Editions du Crayon (n°95, rue du Faubourg Saint-Antoine), passe comme par enchantement sur l'Obélisque !

La ligne reliant l'adresse de décès de Jean à l'Allée du Philosophe, passe sur l'Elysée, prouvant ainsi un lien avec Macron, suite à ce décès.

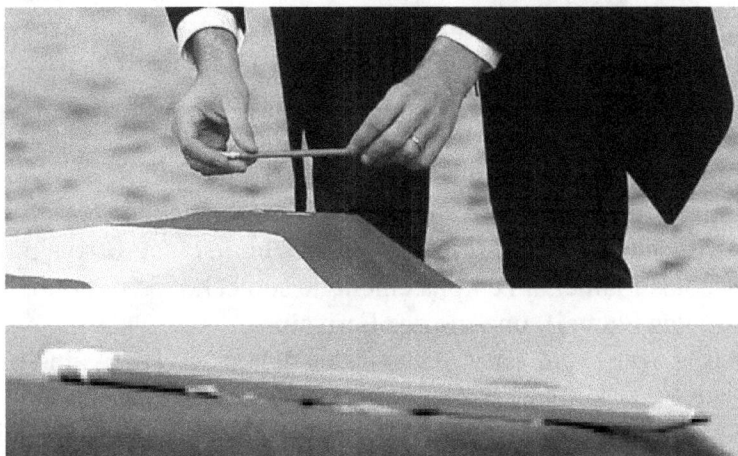

Jean d'Ormesson n'avait pas de portable, d'ordinateur, de fax, de mail, de montre, ni d'agenda, ce qui ne lui facilitait pas la vie.

Il écrivait ses livres à la main, avec des crayons de papier (que lui envoyaient ses lecteurs) sur des feuilles volantes, car il n'avait même pas de cahier.

Il perdait d'ailleurs régulièrement des feuilles.

L'œil de l'Aigle qui regarde l'adresse de Jean d'Ormesson, crée une ligne qui passe sur la Société "Illusions et Enchantements" (n°15, rue Demarquay).

Un clin d'œil à son "crayon des enchantements"? Jean était lui-même, par ses écrits, un grand enchanteur… toujours enchanté.

La fille de Jean, Héloïse Lefèvre d'Ormesson (née en 1962, année du mariage de ses parents), est la directrice des Editions Héloïse d'Ormesson (n°3, rue Rollin).

La ligne reliant le bec de l'Aigle des Buttes-Chaumont à cette adresse, passe sur la rue d'Ormesson.

Rappelons que la fonction du bec de l'Aigle est de montrer un point important concernant un personnage ou autre paramètre, qu'il serait impossible à trouver sans cet indice.

Comment ignorer dans Paris, qu'un jour, un d'Ormesson devint un écrivain célèbre ?

Ce qui suit aurait beaucoup amusé Jean d'O, mais m'aurait-il pris au sérieux si je lui avais montré cette étude ?

La ligne de 6,8 kilomètres reliant la Sarl "La **Lucarne des Ecrivains**" (n°115, rue de l'Ourq) à **l'Hôtel des Ecrivains** (n°8, rue Coypel) passe bien entendu sur la rue d'**Ormesson**.

A croire que cette rue fut créée pour lui ! En tout cas, elle l'attendait, c'est certain.

Mais le plus étrange, c'est que le Code mélange les époques !

Ainsi, il existait du temps de l'alchimiste et écrivain public Nicolas Flamel, à l'emplacement de son échoppe (aujourd'hui rue Nicolas Flamel), une rue des Ecrivains.

Au Moyen-Age, on y trouvait des échoppes d'écrivains publics. La rue existait encore en 1840. (*source : Imago Mundi Encyclopédie*).

Si nous relions le lieu de décès de Jean d'Ormesson à la rue d'**Ormesson**, nous avons la surprise de constater que cette ligne passe exactement sur l'emplacement de cette rue.

Une nouvelle confirmation que le Code se joue des époques !

Il est bien "chrono-paradoxal" !

La rue des Ecrivains

Les Saveurs du Palais - En 2012, Jean d'Ormesson a joué le rôle du Président François Mitterrand dans le film "Les Saveurs du Palais" de Christian Vincent, un film inspiré de la vie d'une ancienne cuisinière de l'Elysée, pendant le mandat de François Mitterrand (1988 à 1990).

La ligne reliant la rue d'Ormesson à la Mairie de Neuilly/Seine (la commune où il vivait et où il est décédé) passe exactement sur la Salle des Fêtes du Palais de l'Elysée.

La première du film eut lieu le 24 septembre 2012 en présence de Jean d'Ormesson au cinéma "Le Balzac" (29, Avenue de Friedland), avec un menu spécial réalisé par 5 chefs étoilés.

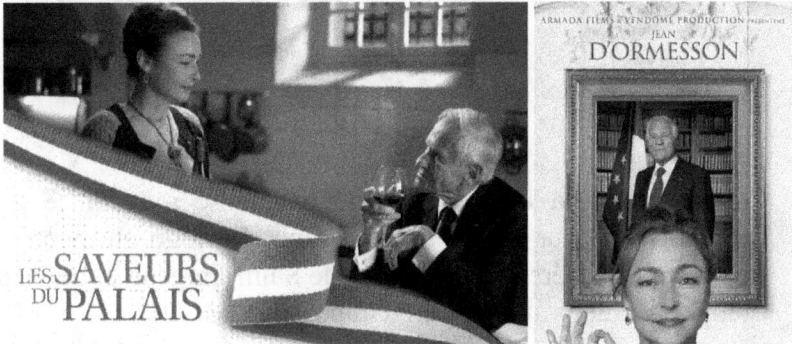

Un petit clin d'œil à Johnny Hallyday qui possédait entre 2001 et 2009, un restaurant, le "Rue Balzac" à 100 mètres de là…

"Les Saveurs du Palais" était un restaurant ouvert en mars 2013. Il se trouvait au n°12, rue Xavier Privas… sur la ligne joignant l'entrée du Palais de l'Elysée à la Grande Bibliothèque François Mitterrand, passant sur le Quai François Mitterrand.

Ce restaurant au nom probablement inspiré par le film éponyme, a fermé définitivement ses portes 13 jours avant la mort de Jean d'Ormesson.

Précision incroyable et pourtant courante dans le Parisis Code : dans le film "Les Saveurs du Palais", c'est **Catherine Frot** qui tenait le rôle principal de la cuisinière du Président.

Cette comédienne a sa société (Sci Frot Couvelard) et habite au n°44, rue Notre-Dame-des-Champs…

Si nous créons une ligne reliant le **Cours du 7ème Art** (19ème arr.) - évoquant le Cinéma - à cette adresse, nous constatons qu'elle passe exactement sur l'emplacement du restaurant "Les Saveurs du Palais" !

Jean d'Ormesson publiait chez l'éditeur Gallimard (n°15, Boulevard Raspail).

La ligne reliant la rue d'Ormesson à la Clef de la Communication (Maison de Radio-France), passe sur cette adresse.

Héloïse d'Ormesson (1962-20..) est la fille unique de Jean d'Ormesson.

Elle a fondé en novembre 2004 avec son compagnon Gilles Cohen-Solal, les **Editions Héloïse d'Ormesson (EHO)** au n°87, Boulevard Saint-Michel, en bordure du Jardin du Luxembourg…

Éditions Héloïse d'Ormesson

Curieusement, la ligne reliant cette adresse à la Place Saint-Fargeau passe sur la rue d'Ormesson... Le logo surmonté d'un cœur ferait il référence à la devise de Saint-Fargeau et de Jacques Cœur : "A cœur vaillant, rien d'impossible" ?

La signature de Jacques Cœur montre deux cœurs avec effet miroir…

A présent le siège se trouve au n°3, rue Rollin (5ème arr.), à proximité des Arènes de Lutèce.

Dans Paris, une société entre autre, porte le prénom "Héloïse", c'est la Sarl "Héloïse", située au n°124, Boulevard Serurier (19ème arr.).

En juillet 2009, en se créant cinq années après les Editions Héloïse d'Ormesson, cette société a créé involontairement dans Paris une ligne exceptionnellement symbolique de 5,6 km.

Il s'agit de la ligne reliant la Sarl "Héloïse" (124, Boulevard Serurier) aux Editions Héloïse d'Ormesson (3, rue Rollin), qui présente la particularité troublante de passer sur la rue… d'Ormesson !

La ligne reliant la Sarl "Héloïse" à l'adresse de naissance de Jean d'Ormesson (n°97, rue du Bac), passe sur l'œil de l'Aigle des Buttes-Chaumont, mais aussi sur la Sarl Mamour… un clin d'œil à Johnny Hallyday puisque Héloïse d'Ormesson possède comme son père Jean, un même ancêtre commun avec lui.

Il existe trois Sci Héloïse qui, dans le Code, combinées avec la rue d'Ormesson donnent des résultats troublants.

La ligne reliant la Sci Héloïse (n°2, Place Deubel) à l'entrée du cimetière du Père Lachaise (où repose toute la famille d'Ormesson), passe sur la rue d'Ormesson.

La ligne reliant la Sci Héloïse (n°90, rue de Vaugirard) à la chapelle de la famille d'Ormesson (56ème division), passe sur la rue d'Ormesson.

La ligne reliant la Sci Héloïse (n°26, rue Picpus) à la Médiathèque Jean d'Ormesson (n°167, Avenue Charles de Gaulle, Neuilly/Seine), passe sur la rue d'Ormesson.

Dans son roman "*C'est une chose étrange à la fin que le monde*" publié en 2010, deux voix se font entendre, Jean d'Ormesson et celui qu'il appelle " le Vieux", c'est-à-dire Dieu lui-même, qu'il considère comme le plus grand des romanciers.

Un Dieu caché, qui observe de loin les hommes, les admire, mais préfère le silence et le mystère…

Jean d'Ormesson qui s'émerveillait de tout ce qui l'entourait aurait-il apprécié voir sa vie ainsi inscrite dans Paris, comme dans un roman fabuleux ?

Il aurait pu constater que "le Vieux" guida discrètement sa vie, du 16 juin 1925 au 5 décembre 2017…

Oui, comme disait Jean " *Tout le bonheur du monde se trouve dans l'inattendu*".

Pour finir ce long chapitre sur Jean d'Ormesson, j'évoquerai cette amusante anecdote : le chanteur Julien Doré (descendant du peintre Gustave Doré), révélation télévisée de la Nouvelle Star 2007 et grand admirateur de Jean d'Ormesson a fait tatouer sous son biceps gauche la phrase "The Jean d'Ormesson's".

Le tatouage se trouve sous une grande croix celtique noire…

Julien et ses amis avaient fondé en 2007 un groupe de rock qu'ils décident de nommer "The Jean d'Ormesson's Disco Suicide".

C'était un groupe spécialisé dans la mise au goût du jour de tubes disco dans un style blues ou folk. Pour Julien ce nom s'est imposé comme une évidence, car il admirait cet académicien "extrêmement solaire".

Le chanteur était très attaché à cet homme qu'il ne connaissait pas.

La ligne reliant la rue Gustave Doré à la rue d'Ormesson passe sur la croix Ankh (Clef du Destin), au niveau de l'entrée de l'Opéra Garnier.

LES COPAINS DE JOHNNY

JACQUES DUTRONC...

Le chanteur **Jacques Dutronc** est né à Paris en 1943... comme le confirme le Code. La ligne reliant la Sarl BA **Paris 1943** (n°37, rue Poulet) à la Société Monsieur Jacques Dutronc (n°55, Boulevard Suchet), traverse la Clef de la Naissance (Esplanade du Trocadéro).

Jacques Dutronc, habite depuis plus de 50 ans dans un village de Haute Corse, nommé **Monticello,** dans la région de la Balagne.

Le Code nous le confirme, là encore, avec l'adresse parisienne de son enfance, le n°69, rue de Provence.

L'Œil de l'Aigle qui regarde celle-ci, passe comme par miracle sur une Sarl Villa Monticello, située au n°24, rue Buffault (9e), créé en octobre 2016.

La Société Monsieur Jacques Dutronc (tout comme la Société Madame Françoise Hardy) se trouve au n°55, Boulevard Suchet.

La ligne reliant la Société Monsieur **Jacques Dutronc** à la Sarl **Balagne** (n°9, Place des Vosges) passe sur le Quai de la **Corse** et la Clef de la Communication (Radio-France).

S'agissant de Dutronc, il existe dans le Paris Code, un alignement extraordinairement troublant qui s'est créé avec des sociétés qui se sont succédées depuis 2012.

Cet alignement concerne sa célèbre chanson **"Il est cinq heures, Paris s'éveille"**, sortie en mars 1968, écrite par le parolier Jacques Lanzmann et son épouse Anne Segalen.

Ce fut un tube monumental. En janvier 1991, elle fut classée première par les quarante critiques du Nouvel Obs, et chanson du siècle en 1999.

A ce niveau d'étrangeté, le mot coïncidence n'a plus de sens. Nous plongeons à pieds joints dans le paranormal.

Rappelons que pour le Code, la chronologie n'existe pas ; seul le moment de la révélation de l'alignement compte. Démonstration :

1) En avril 2012 fut créée la Sarl **"Paris s'éveille"** (n°26, rue Francoeur).
2) En mars 2014 fut créée la Sarl **"Il est cinq heures"** (n°35, rue du Sommerard).
3) En octobre 2016 fut créée la Sarl **Villa Monticello** (n°24, rue Buffault).
4) Le 1er février 2018, je découvre cet alignement incroyable mais vrai.

La ligne de 4,5 kilomètres joignant la Sarl **"Il est cinq heures"** à la Sarl **"Paris s'éveille"** passe exactement devant l'adresse de la société nommant clairement la villa corse du chanteur Jacques Dutronc : la Sarl **Villa Monticello** !

Le plus troublant étant que la Sarl **"Paris s'éveille"** (n°26, rue Francoeur) n'a duré que 4 mois ! Elle fut radiée en septembre 2012.

Le Grand Œil (Observatoire de Paris) qui regarde la Société Monsieur Jacques Dutronc (n°55, Boulevard Suchet) passe sur la Société **Madame Sylvie Duval** (n°32, rue de l'Amiral Roussin). Pourquoi ?

Bien qu'officiellement marié avec Françoise Hardy, il vit en Corse, séparé d'elle, et forme malgré tout un couple qui s'adore et n'a nullement l'intention de divorcer.

Par contre, Jacques Dutronc et ses 30 chats vivent depuis 1997 avec… **Sylvie Duval**, une ancienne maquilleuse qu'il a rencontré en 1997 sur le tournage du film **"Place Vendôme"**.

Cette situation ne pose aucun problème à Françoise... au contraire. Cette vieille canaille est fidèle... à sa façon.

La ligne reliant la Société **Madame Sylvie Duval** à la Sarl **Villa Monticello** (n°24, rue Buffault) effleure la célèbre **Place Vendôme.**

L'Œil de l'Aigle qui regarde la Société Monsieur Jacques Dutronc (n°55, Boulevard Suchet) passe également sur la **Place Vendôme.** On n'échappe pas à son destin !

Il existe une autre Société **Madame Sylvie Duval** (n°9, rue de Turenne), qui, alignée sur la Société de Jacques Dutronc, donne une ligne qui passe sur la Clef de la Communication.

La maison du n°13 rue Hallé (14e) a abrité jusqu'en 1998, le couple Hardy-Dutronc.

La chanteuse espérait vivre ici des jours meilleurs avec son mari volage, où elle était spectatrice des dîners où l'alcool et les rires coulaient à flots, face à l'humour fracassant du duo Gainsbourg/Dutronc, et parfois spectatrice des flirts de son bien-aimé.... Jusqu'en 2016, Françoise habita dans cette maison avant de déménager dans le 16ème arr.

Etrange respect des alignements : cette adresse est à 100% dans l'alignement sud de l'adresse d'enfance de Jacques Dutronc : le n°69, rue de Provence.

Cette maison est aussi sur l'axe formé par sa date et son lieu de naissance : Clinique Villa Marie-Louise - rue Saint-Sulpice (17 janvier) - n°13 rue Hallé.

Il est amusant de constater que la ligne partant de la porte principale de Radio-France (Clef de la Communication) à cette adresse du n°13 rue Hallé, passe exactement sur la Société **Madame Sylvie Duval** (n°32, rue de l'Amiral Roussin).

A 73 ans, **Françoise Hardy**, Capricorne ascendant spleen, s'est retirée du monde, curieuse de cet « autre côté du ciel » qu'elle a visité en 2015.

Dans son appartement du 16eme arr., elle n'écoute plus que de la musique classique, et suit depuis son ordinateur des conférences sur la physique ...

FRANÇOISE HARDY

La chanteuse **Françoise Hardy** (1944-20..) fut très populaire dans les années 60. Née le 17 janvier, jour de la Saint-Sulpice, un an après et dans la même maternité que celle où naquit Johnny, elle doit "ses plus grandes émotions de spectacle" à Johnny.

Durant son enfance, elle vivait au n°24, rue d'Aumale, à moins de 200 mètres de la rue de la Tour des Dames où vivait Johnny, mais surtout à 600 m de Jacques Dutronc, au n°69, rue de Provence.

Françoise fut découverte à 18 ans en 1962, dans l'émission de la compositrice Mireille (1906-1996), le Petit Conservatoire de la chanson, une des premières émissions de l'ORTF.

Mireille prodigua pendant 14 ans à la télévision des leçons de chant et de justesse aux aspirants chanteurs ...

Timide à la voix frêle, Françoise Hardy allait devenir une figure phare des années 60.

Aimée des garçons pour sa beauté, adorée des filles pour son écriture parfaite des aléas du cœur, Françoise Hardy deviendra au fil des années une artiste profondément singulière.

La cause ? Jacques Dutronc ; l'homme des souffrances et des bonheurs. Celui sans qui ses textes n'auraient jamais vu le jour.

Le Grand Œil qui regarde la rue d'Aumale, passe sur la Place Mireille.

La Société Madame Françoise Hardy (n°55, Boulevard Suchet), la Sarl Destin (4, rue du Général Camou) la Place Mireille et la rue Dieu sont alignées.

Apparemment, Jacques Dutronc et François Hardy étaient fait pour s'aimer, si l'on en croit le Code.

En effet la ligne reliant le fameux "**Mur des Je t'Aime**" (du Square Jehan Rictus, Place des Abbesses) à l'adresse d'enfance de **Jacques**, passe à 100% sur l'adresse d'enfance de **Françoise** !

Cette œuvre murale de 40 m² composée de 612 carreaux de lave reproduit 311 « je t'aime » en 250 langues… y compris le corse (Ti tengu caru). Quoique "Je t'aime, moi non plus" conviendrait mieux à ce couple…

Elle a vécu avec Jacques Dutronc à partir de 1967. Elle ne l'a épousé que le 30 mars 1981 à **Monticello** (Haute Corse).

Elle a eu un fils, Thomas Dutronc, né le 16 juin 1973 à l'Hôpital Américain de Neuilly.

La ligne de 10 km reliant la Villa Hardy (20e) à l'entrée de cet hôpital, passe à la moitié de cette ligne, sur l'adresse de son enfance, au n°24, rue d'Aumale.

Une autre ligne reliant une autre partie de cet hôpital à la Villa Hardy, passe sur la Sarl **Villa Monticello** (n°24, rue Buffault), évoquant la commune de Corse où vit Dutronc (père).

Les sociétés de ce dernier (Société Tomdu et Monsieur Thomas Dutronc) se trouvent au n°26, rue du Pont Louis-Philippe).

La ligne reliant cette adresse aux sociétés de ses parents J.Dutronc et F.Hardy (n°55, Boulevard Suchet), passe sur la Maison de Radio-France (Clef de la Communication).

La ligne reliant la Société Monsieur Thomas Dutronc au lieu de naissance de sa mère, Françoise passe sur la Sarl **Villa Monticello** (n°24, rue Buffault), évoquant la commune de Corse où ses parents se sont mariés et ou peut-être il fut conçu...

La ligne reliant le Quai de la **Corse** à la Villa **Hardy** (20e), passe sur la Société Monsieur Thomas **Dutronc** (26, rue du Pont Louis-Philippe). Thomas possède une maison à **Lumio** (Corse) à quelques kilomètres de son père.

La ligne Sarl **Lumio** (n°12, rue Maspero) - Sarl **Villa Monticello** (n°24, rue Buffault), passe derrière l'adresse d'enfance de Jacques Dutronc (n°69, rue de Provence).

Françoise Hardy est passée plusieurs fois à l'Olympia.

La ligne reliant la Villa Hardy (20e) à l'Arc de Triomphe, passe sur... l'Olympia, où elle fit ses premiers pas sur la scène à partir du 7 novembre 1963. A cette époque, elle ne chantait que pendant 15 mn ; chose impensable de nos jours !

La ligne reliant la Villa Hardy à la Société Madame Françoise Hardy (n°55, Boulevard Suchet), passe sur la Maison de Radio-France (Clef de la Communication).

Le Code nous indique où Françoise a vu le jour...

Françoise Hardy est née à la Maternité de la clinique Villa Marie-Louise (3, Cité Malesherbes), où est né Johnny Hallyday.

L'Œil de l'Aigle qui regarde la Sci Hardy (n°10, rue Médéric), crée une ligne qui passe sur cette maternité.

La pointe du bec de l'Aigle alignée sur la Sci Hardy passe sur l'adresse de son enfance, au n°24, rue d'Aumale.

La ligne de 6,5 km reliant cette clinique aujourd'hui fermée à la Société Madame Françoise Hardy (n°55, Boulevard Suchet), passe sur la Clef de la mise au monde (Esplanade du Trocadéro), sur la Clef de la Célébrité (Rond-Point des Champs-Elysées), et sur l'entrée de la rue d'Aumale où elle vivait.

Le désespoir des Singes...

Françoise Hardy a écrit en 2008 le récit de sa vie, et exposé certaines histoires restées dans les marges de ses souvenirs...
Elle a choisi comme titre "*Le désespoir des Singes et autres bagatelles*" inspiré par un arbre magnifique de 10 mètres de hauteur, planté en 1907, un Araucaria, qu'elle admirait dans le Parc de Bagatelle.
Dans ce recueil de mémoires, elle parle de Johnny, Sylvie, des Rolling Stones, mais aussi de ses amours avec Jean-Marie Périer, puis de son mari, Jacques Dutronc.

L'Araucaria est un arbre de la famille des conifères, appelé "*Le désespoir des Singes*" cause de ses feuilles pointues, disposées en écailles et terriblement piquantes, dissuadant les singes d'y grimper. C'est l'emblème du Chili.
Françoise Hardy vivait encore depuis peu dans un luxueux appartement du n°50, Avenue Foch, où elle a vécu avec Jacques Dutronc.
L'œil de l'Aigle des Buttes-Chaumont qui regarde avec précision l'Araucaria du Parc de Bagatelle, crée une ligne de 9,7 kilomètres qui traverse la rue d'Aumale (rue d'enfance de Françoise), et l'immeuble n°50, Avenue Foch ; quelle coïncidence !
L'axe rue de l'Espérance - n°13 rue Hallé (où elle vivait avec J. Dutronc), nous conduit sur la partie sud du Parc de Bagatelle.
A Paris, il existe deux sociétés qui portent le nom d'Araucaria.

La Sci L'Araucaria située n°6, Cité de l'Ameublement, et la Sarl Araucarias dans la rue Lincoln (n°10).

Sur une ligne de 10 km, on trouve la Cité de l'Ameublement, la rue Lincoln, le n°50, Avenue Foch et le… Passage des Singes !

La ligne reliant la Société Françoise Hardy (n°55, Boulevard Suchet) à la Sci L'Araucaria (n°6, Cité de l'Ameublement), passe sur la Clef de la Communication (entrée de Radio-France).

L'axe Société Françoise Hardy - Société Jean-Marie Périer passe sur le 50, Avenue Foch, domicile du couple Dutronc, qui a toujours fasciné le public français, par leur idylle torturée façon « Je t'aime, moi non plus ».

Succes Story - La réussite de Françoise Hardy et Jacques Dutronc est nettement indiquée dans le Code.

La ligne reliant l'adresse d'enfance de Jacques (n°69, rue de Provence), au luxueux triplex du n°50, Avenue Foch, qu'ils ont pu acquérir grâce à leurs succès, passe sur… l'Arc de Triomphe.

L'Œil de l'Aigle qui regarde cet immeuble crée une ligne qui passe sur la rue d'Aumale, rue d'enfance de Françoise, et sur la Sci **Plein Triomphe** (n°5, rue de Tilsitt).

Ces deux lignes passent fatalement sur la Sarl **Succes Story**, puisque cette dernière est domiciliée au… n°50, Avenue Foch !

THOMAS DUTRONC

A 18 ans, Thomas Dutronc (né en 1973 à Neuilly) découvre la musique de Django Reinhardt qui lui donne envie d'apprendre à jouer de la guitare à dix-huit ans.

Après avoir fait ses gammes auprès des meilleurs musiciens de jazz manouche en plein cœur du marché aux puces de Saint-Ouen, il se lance dans la carrière de musicien.

En 2009, sa chanson "Comme un manouche sans guitare" remporte la Victoire de la chanson originale.

Il tourne à travers toute la France avec son quartet, "Thomas Dutronc et les esprits manouches" qui rend hommage à Django.

Thomas possède une guitare manouche type Selmer Maccaferri qui aurait appartenu à Django Reinhard. Le musicien l'aurait offert au Comte de Paris qui l'aurait ensuite donnée à Jacques Dutronc.

La Société Monsieur Thomas **Dutronc** est domiciliée au n°26, rue du Pont Louis-Philippe).

Pour que tout prenne un sens, le Code a indubitablement guidé Thomas Dutronc pour qu'il installe sa société dans la rue du Pont Louis-Philippe, puisque celle-ci se trouve exactement sur la ligne de 7,6 kilomètres reliant la Place Django Reinhardt (18ème arr.) à l'Allée Django Reinhard (Jardin Louis Say).

La Place Django Reinhardt inaugurée en 2010, se trouve à l'endroit même où le célèbre musicien et compositeur de jazz a longtemps installé sa caravane. C'était le lieu où les manouches tziganes avaient l'habitude de réunir leurs roulottes (verdines) tirées par des chevaux.

Django Reinhardt demeure la seule star européenne du jazz, l'égal des Duke Ellington, Miles Davis ou Louis Armstrong, et le premier à avoir marié les accords du jazz aux mélodies de la tradition tzigane.

Petite curiosité concernant son année de naissance : la ligne reliant la Sarl **1973** (n°227, rue Marcadet) à la Société Thomas **Dutronc** (26, rue du Pont Louis-Philippe) passe précisément sur la maternité Marie Louise où est née sa mère.

EDDY MITCHELL... QUAND LE CODE FAIT SON CINEMA

La Dernière Séance fut une émission de FR3, consacrée au 7ème Art, et en particulier aux classiques du cinéma américain.

Elle fut présentée pendant plus de 15 ans (du 19 janvier 1982 au 28 décembre 1998) par le chanteur Eddy Mitchell (natif du quartier de Belleville), dans un vieux cinéma (classé monument historique) de Romainville : le Trianon.

A Paris, ces 2 paramètres peuvent être utilisés par substitution, car il existe une rue de Romainville, mais aussi "Le Trianon" (n°80 Boulevard de Rochechouart) une salle de spectacle bâtie en 1894, classée monument historique, qui a reçu les plus grands artistes de la Belle Epoque.

Ce fut ensuite une succursale de l'Opéra-Comique. Reconstruite en 1902 suite à un incendie, elle fut reconvertie en cinéma de 1000 places en 1938. Sa dernière séance eu lieu en 1992.

Restaurée en 2010, c'est aujourd'hui de nouveau une salle de spectacle.

Si nous relions Le Trianon de Paris à la rue de Romainville, on a la surprise de voir cette ligne passer sur le Cours du 7ème Art et le suivre sur toute sa longueur. Cet axe coupe ensuite la rue de Belleville…

La brasserie "La Dernière Séance", se trouve au n°24, Avenue de la République. Pourquoi, le Grand-Œil qui regarde le Cours du 7ème Art, crée-t-il une ligne qui traverse précisément cette brasserie ?

Pourquoi l'œil de l'Aigle qui regarde l'Hôtel du 7ème Art, (20, rue Saint-Paul) crée-t-il une ligne qui traverse précisément cette brasserie ?

Un autre restaurant "La Dernière Séance", se trouve au n°5, rue Abel Hovelacque (13e), sur la ligne reliant la Place Henri Langlois (fondateur de la Cinémathèque Française et Musée du Cinéma) au n° 14, Boulevard des Capucines, où eut lieu dans le Salon indien du Grand café de l'Hôtel Scribe, la "première séance" payante de Cinéma de l'Histoire (Frères Lumière), le 28 décembre 1895 (naissance officielle du Cinéma).

Clin d'œil au Cinéma : on remarquera que la dernière séance de l'émission télévisée "La Dernière Séance", eu lieu le 28 décembre 1996.

Curiosité : La ligne reliant le Vidéo Club "**La Première Séance**" (n°18, rue Eugène Jumin) au restaurant "**La Dernière Séance**", 5 n°5, rue Abel Hovelacque), passe sur le Cours du **7ème Art** !

Autre alignement étrange, qui laisse entrevoir la future ligne du destin d'Eddy Mitchell dans le Code : l'Œil de l'Aigle qui regarde Le Trianon de Paris (n°80, Bld de Rochechouart), représentant la "dernière séance", crée un axe qui atteint le n°9 du Boulevard d'Algérie où le petit Eddy Mitchell (Claude Moine) passa son enfance, et sur l'Hôpital Robert Debré où il est probablement né le 3 juillet 1942, jour de la Saint-Thomas.

Sa naissance en Juillet 1942, fut marquée par un fait divers tragique : la rafle du Vel'div.

La ligne reliant la Clef de la Communication au n°9 du Boulevard d'Algérie, passe sur la Place des Martyrs Juifs du Vélodrome d'Hiver, la pointe du bec de l'Aigle. Cet axe rejoint aussi l'Hôpital Robert Debré…

Eddy Mitchell est un grand passionné de cinéma, et il est étonnant de voir que cette adresse se trouve sur un axe formé par la SCI 42 (n°10, Avenue d'Eylau), évoquant l'année de sa naissance, le n°14, Boulevard des Capucines (naissance officielle du Cinéma) et le Cours du 7ème Art.

Sur cette ligne, nous trouvons aussi l'Olympia (où Eddy fit ses adieux en 2011, l'adresse du Golf Drouot (n°2, rue Drouot), la 1ère discothèque rock de Paris, lieu mythique où Eddy Mitchell passa pour la première fois, en 1961, à la télévision, dans l'émission d'Albert Raisner "Age tendre et tête de bois".

Eddy Mitchell donnera sur la scène de l'Olympia le 5 septembre 2011, la dernière représentation de sa tournée *Ma dernière séance*, clin d'œil à l'un de ses tubes mais aussi à l'émission télévisée qu'il a présentée pendant dix-sept ans, faisant ainsi ses adieux à la scène.

L'œil de l'Aigle qui regarde le "Rock'nRoll Circus", au n° 10, rue André Antoine (18e), crée un axe qui vient trouver le n°9 du Boulevard d'Algérie (19e) où a vécu Eddy !

La ligne reliant son adresse d'enfance à son adresse actuelle (n°18, Villa Saïd) passe sur l'adresse de son producteur (Claude Wild Production), n°152, Boulevard Haussmann, le Square de la Trinité (Estienne d'Orves), où il retrouvait son copain Jean-Philippe (Johnny), pour rêver d'un futur plein de promesses.

Claude Wild est le producteur de la dernière tournée de Johnny, les "Vieilles Canailles"… sa "dernière séance".

La ligne reliant le restaurant "Les Petites **Canailles**" (n°80, rue Amelot) à **Claude Wild Production** (n°152, Boulevard Haussmann), passe sur l'Association Club **Johnny Hallyday**.

La ligne reliant la Brasserie "La **Dernière Séance**" (au niveau du n°24, Avenue de la République) à **Claude Wild Production** (n°152, Boulevard Haussmann), passe sur la Sarl **Mamour** !

Décidément, Eddy est poursuivi par le Cinéma… La ligne reliant son adresse d'enfance à la Société de films Eddy Production (n°41, rue l'Echiquier), passe sur le Cours du 7ème Art !

En 1967, Eddy chanta un de ses premiers succès "*Alice*".

La ligne reliant la société d'Eddy au Square Alice passe sur la Clef de la Mise au Monde (Esplanade du Trocadéro).

En 1976, il chante ce qui sera un de ses plus grands succès : "*Pas de Boogie Woogie avant la prière du soir*".

Le Code nous le montre : La ligne reliant la société d'Eddy (Société Claude Moine, n°18, Villa Saïd) au Zénith, passe sur la Sarl Boogie Woogie (n°5, rue Pelouze).

La ligne reliant la Sarl Boogie Woogie à son adresse d'enfance (9, Boulevard d'Algérie), passe sur l'œil de l'Aigle.

Le dernier noël de Johnny Hallyday. Photo prise avec Jade, Joy et Laeticia le 5 décembre 2016, exactement un an avant son décès.

LA LIGNE DE LA DECOUVERTE DU CODE

Voici l'alignement dans Paris qui, depuis le mois d'août 1977, date de l'acquisition de mon appartement à Strasbourg, prévoyait qu'à cette adresse exacte, quelqu'un découvrirait le Code de Paris.

Cet alignement de 7 points révélateurs d'Est en Ouest le prouve :
- Le Restaurant "Le Destin" (n°183, Avenue J.Jaurès), le n°92, Avenue J.Jaurès (transposition de mon adresse strasbourgeoise dans Paris), la rue d'Alsace (région de Strasbourg), le Centre de la boucle de l'Ankh (à l'origine de la découverte du Code, Symbole du Parisis Code et Clef du Destin), Palais de la Découverte, la Clef de la Création (ce Code a été "créé" à mon adresse, puisqu'avant, il n'avait aucune existence matérielle).

La ligne passe sur les voies ferrées de la Gare de l'Est (Embarcadère de Strasbourg)... qui mènent à Strasbourg, la ville où fut découvert le Parisis Code, en 2005.

Le Parisis Code a été découvert en juin 2005 à Strasbourg - Neudorf par Thierry Van de Leur (photo ci-dessus).

Si vous désirez connaître la façon dont sont codés, dans Paris, d'autres artistes célèbres comme : Claude François, Barbara, Edith Piaf, Brel, Coluche, Le Luron, Tokio Hotel, Alain Chamfort, Dalida, Serge Gainsbourg, Jim Morrison, Bashung, Brigitte Bardot, Prince, Michel Berger, France Gall, Tino Rossi, Eddy Barclay, Georges Brassens, Céline Dion etc… je vous invite à découvrir mon livre " Vies d'Artistes encodées dans Paris".

Editions Lulu.com, 2018 - ISBN 979-10-91289-30-6

Disponible sur Lulu.com et Amazon

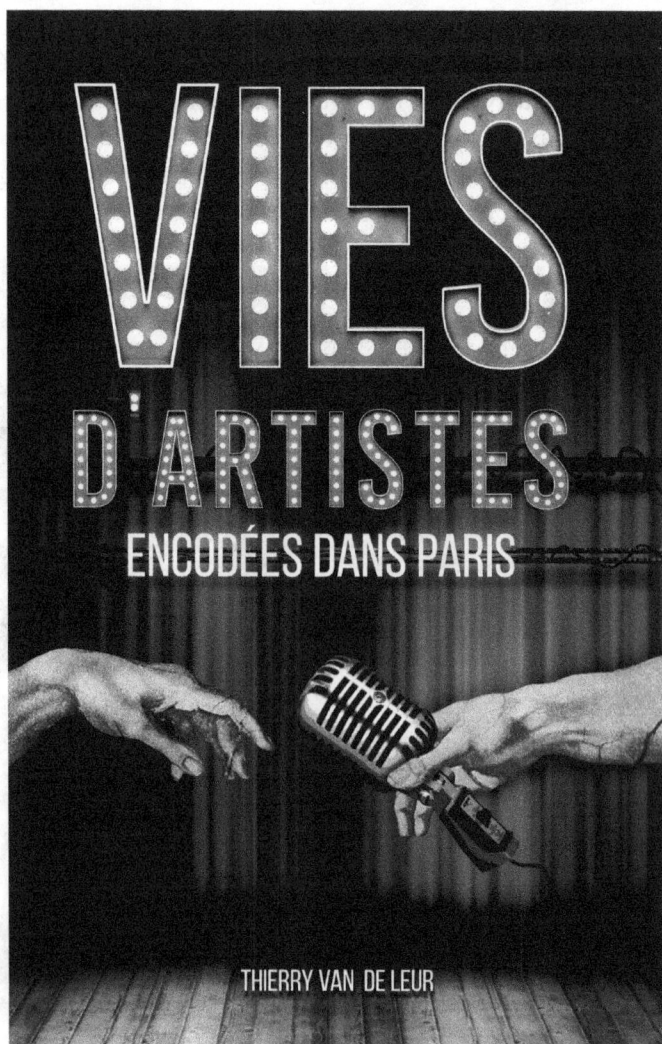

Quatrième de couverture

Il existe dans la Ville Lumière, un mystérieux Code encore ignoré de tous, le "**PARISIS CODE**".
Depuis la création d'internet et la réalisation de cartes extrêmement précises exécutées grâce aux satellites et aux lasers, nous avons tous le privilège d'y accéder facilement.
Nul besoin d'être un spécialiste pour le décrypter : il suffit d'une simple carte de Paris pour découvrir émerveillé les multiples informations qu'il contient.
Qui a créé ce Code ? Nul ne le sait. Une seule chose est certaine, il n'est pas réalisé par l'homme. La réponse vous appartient.
L'important est qu'il existe et qu'il nous fasse prendre conscience de notre place en ce monde.
Bien entendu, les célébrités du spectacle, de la littérature, de la politique ou les religions sont codées en priorité.
Ainsi, le parcours de vie d'un artiste, son destin, de sa naissance à sa mort peut se retrouver sous forme de lignes sur la carte de Paris avec une précision remarquable, presque diabolique.
Une question qui vous taraudera tout au long de ce livre, est : Comment est-ce possible ?
Dans cet ouvrage, les informations précises concernant plusieurs chanteurs et fantaisistes célèbres (disparus pour la plupart) s'alignent comme par enchantement.
Les lignes se mettent à "parler", tracées par une mystérieuse main céleste qui met ainsi en évidence les destinées, preuves à l'appui.
Ce livre propose le décryptage des destins exceptionnels de :
Claude François, Barbara, Edith Piaf, Jacques Brel, Coluche, Le Luron, Tokio Hotel, Alain Chamfort, Dalida, Serge Gainsbourg, Jim Morrison, Bashung, Brigitte Bardot, Prince, Michel Berger, France Gall, Tino Rossi, Eddy Barclay, Georges Brassens, Céline Dion etc…
C'est est un véritable tourbillon de coïncidences, synchronicités et prédestinations.

Retrouvez les dernières publications de l'auteur sur

Lulu.com.

amazon.com

Tous les livres peuvent être commandés directement.

Contacter l'auteur : t.van-de-leur@laposte.net

Pour suivre les dernières informations :
http://parisis-code.skyrock.com (50.000 visites depuis 2009) :

Dernière mise à jour : 11/12/ 2018

www.ingramcontent.com/pod-product-compliance
Lightning Source LLC
Chambersburg PA
CBHW070808270326
41927CB00010B/2341